# 古典文獻研究輯刊

二六編

潘美月・杜潔祥 主編

## 第23冊

## 王照圓研究（上）

于少飛 著

國家圖書館出版品預行編目資料

王照圓研究（上）／于少飛 著 — 初版 — 新北市：花木蘭文化事業有限公司，2018〔民107〕

序4+目4+156面；19×26公分

（古典文獻研究輯刊 二六編；第23冊）

ISBN 978-986-485-367-0（精裝）

1.（清）王照圓 2.傳記 3.學術思想

011.08 107001784

ISBN-978-986-485-367-0

古典文獻研究輯刊

二六編 第二三冊 ISBN：978-986-485-367-0

# 王照圓研究（上）

作　　者　于少飛

主　　編　潘美月　杜潔祥

總 編 輯　杜潔祥

副總編輯　楊嘉樂

編　　輯　許郁翎、王筑　美術編輯　陳逸婷

企劃出版　北京大學文化資源研究中心

出　　版　花木蘭文化事業有限公司

發 行 人　高小娟

聯絡地址　235 新北市中和區中安街七二號十三樓

電話：02-2923-1455／傳真：02-2923-1452

網　　址　http://www.huamulan.tw 信箱 hml 810518@gmail.com

印　　刷　普羅文化出版廣告事業

初　　版　2018年3月

全書字數　243761字

定　　價　二六編25冊（精裝）新台幣48,000元

# 王照圓研究（上）

于少飛 著

## 作者簡介

于少飛，女，1990～，山東煙台萊陽人。2013年畢業於山東師範大學文學院，獲文學學士學位。2016年畢業於山東師範大學齊魯文化研究院，獲文學碩士學位，師從程奇立（丁鼎）教授。現於山東大學儒學高等研究院攻讀文學博士學位，師從王承略教授。主要研究方向爲中國傳統文化、中國古典文獻學、先秦兩漢經學研究。目前已公開發表《郝懿行〈晉宋書故〉及其序跋所作時間再探討》等十五篇學術論文。

## 提　要

清代女性文學大盛，名家輩出，著作如林。王照圓作爲清代著名女經學家、文學家，在清代學術界享有較高聲譽，臧庸曾贊道「當代女師，一人而已」。王照圓祖籍山東福山，幼秉家學，博聞強識，通經涉史，亦善工筆山水，獲有「福山李清照」之美譽。

王照圓自幼勤勉好學，婚後又與丈夫郝懿行亦師亦友，共同致力於學術研究，二人有「棲霞郝夫婦」之美譽。她博通經史，著述頗豐，不僅擅長詩文寫作，在學術研究領域更是頗有建樹。有《列女傳補注》、《列仙傳校正》、《夢書》、《曬書堂閨中文存》等著作傳世，另有許多關於文學、經學的見解散見於郝懿行的著作當中。《續修四庫全書總目提要》評價：「女子吟詩者多，治經者少，如照圓者豈易得哉！」

王照圓在經學研究領域最主要的成就是對《詩經》的解讀。她自幼習讀《詩經》，年輕時曾作《葩經小記》，可惜未能流傳下來。婚後曾整理舊稿，同郝懿行一起研究考訂。最終由郝氏執筆，以問答的形式記錄二人對《詩經》的新解，著成《詩說》、《詩問》二書，在當時的學術界引起了廣泛關注。

總之，王照圓憑藉著自己的才情和對學術的不懈努力，不僅在當時的學者中贏得了讚譽，在後人眼中也是中國古代歷史中少有的女性學者。

# 序　言

女性在整個人類發展史上佔有半壁江山，與男性佔有同等重要的地位。但由於歷史和社會的原因，在中國古代文學史上，女性詩人（詞人）、作家的身影相較於男性而言則非常少見；尤其是女性學者的身影在中國古代學術史上更是寥若晨星、鳳毛麟角。

這種文化現象與中國古代社會制度有著密切關係。在中國古代長達數千年的父權制宗法社會中，男尊女卑的倫理思想和「女子無才便是德」的道德規訓，極大地抑制和擠壓了中國古代女性的文化生存空間，傳統的「政、神、族、夫權」將女性牢牢地束縛在閨閣之內，動輒得咎。使廣大女性依附於父權、夫權和家庭，較少得到文化教育，從而導致了女性獨立精神的缺失和女性話語權的整體缺失。甚至使廣大女性也逐步形成和認同了這種男尊女卑的文化心理定勢，致使中國古代較少有女性從事文學創作和學術研究。

在中國古代，雖然歷代出現了許多才華橫溢的女性文人，她們創造出了許多優美而動人的文學作品，撰寫出許多很有見地的學術著作，成就了中國古代文學史和學術史上一抹輝煌燦爛的風景，然而在我國古代以男性爲中心的社會裏，女性始終作爲男性的附庸處於一種被壓迫的邊緣位置，從而導致了女性文學創作和學術研究的邊緣化。她們的創作和研究常被忽略和輕視，甚至常常被掩沒在歲月的滄桑中。

清代是中國古代女性文學和學術最興盛的時期。胡文楷《歷代婦女著述考》收漢魏六朝女詩人三十三人，唐代二十一人，宋遼元六十二人，明代二百四十五人，而有清一代有著作可考的女性作家多達四千餘人，達到了女性文學的頂峰。清代不僅出現了蕉園七子、吳中十子、隨園女弟子等女性創作群體，還出現了很多有學術成果的女性學者。在中國古代女性文人中除班昭（曹大家）和李清照等人以外，很少有人涉足學術研究，至清代卻出現了很多學術成就卓著的女性學者。如王照圓、蕭道管、梁端、戴聖儀四人都精於經典考據，各有《列女傳》注釋方面的學術著作傳世；經學方面有張屯《易道入門》、安璿珠《周易翼釋義》；史學方面有劉文如《四史疑年錄》；詩詞學方面有熊璉《淡仙詩話》、沈善寶《名媛詩話》、趙慈《詩學源流考》等。也有很多女詩人編輯了閨秀詩詞文選本，如柳如是《古今名媛詩詞選》、季嫻《閨秀集初編》、惲珠《國朝閨秀正始集》及《國朝閨秀正始續集》、姜元寶《閨秀詩文錄》、張滋蘭《吳中十子詩鈔》等，在學術研究和文獻整理方面顯示出了較高的才能。

王照圓是清代女性文人中的佼佼者。王照圓（1763～1851），字婉佺，山東福山（今煙臺市福山區）人，清代著名經學家郝懿行之妻。王照圓博通經史，能詞善詩，亦擅長工筆山水。她與丈夫郝懿行詩歌唱和、切磋學問，可謂亦師亦友。王照圓有《列女傳補注》、《列仙傳校正》、《夢書》、《曬書堂閨中文存》等著作傳世，此外還有很多關於文學、經學的見解散見於郝懿行的著作當中。臧庸曾以「夫妻著述，一家兩先生」之語將郝懿行、王照圓夫婦在學問上的成就與王念孫、王引之父子相提並論，由此可見郝氏夫婦學術地位和影響之一斑。因爲丈夫的緣故，王照圓與同時代阮元、臧庸、王念孫、馬瑞辰、胡承珙等著名學者多有學術上的交流。

王照圓雖在文學創作與學術研究方面均負有盛譽，但清代迄今關於王照圓的研究一直不夠全面系統，她在經學、文學方面的成就及其學術地位也沒有得到足夠的重視。有鑑於此，于少飛博士在師從我攻讀碩士學位期間便選擇以《王照圓研究》作爲碩士學位論文選題，立志從家族源流、生平思想、學術著述等方面對王照圓進行全方位的研究。並試圖採用比較研究的方法，探討王照圓文學思想和學術思想產生的時代性和地域性因素。

少飛多年來好學深思，潛心學術，尤其熱心於女性文學與女性文化的研究，她在山東師範大學文學院讀大學時即以宋代著名女詞人朱淑眞的《斷腸詞》作爲畢業論文的研究對象。後來跟隨我攻讀碩士學位時，表示想繼續從事女性文學方向的研究，我同意了她的研究方向，但希望她不要沿著純文學的研究路子走，以免視野會越走越窄，並希望她最好選擇一位有學術成就的女性來作爲進一步研究的對象。後來她決定將王照圓這位青史留名且著述繁富的女文學家、經學家作爲碩士論文的研究對象，問我是否可行。我非常贊同和認可。起初她考慮到王照圓的著述較多，想選取王照圓的一部著作來進行研究。但在我的再三勸說下，最後她決定對王照圓進行全方位研究。此後經過近三年的刻苦攻讀和辛勤寫作，少飛竟然撰寫出一部長達 20 餘萬字的碩士論文，大大超過了一般碩士論文的篇幅，也大大超過了我的預期。在碩士論文答辯時，這篇論文博得了答辯委員會的高度評價，評定等級爲優秀。

于少飛同學的碩士論文《王照圓研究》，從家族、生平、交遊、著述對王照圓進行了全方位的考察和研究，探幽索隱，拾遺補闕，彌補了此前有關王照圓研究的許多不足之處，對於中國古代女性文學史研究和學術史研究都有著較重要的意義。書稿第二章對王照圓《列女傳補注》的解讀研究，在前人研究的基礎上又頗多新見。第四章對王照圓《詩經》注釋成就的介紹與研究，更是將王氏的《詩經》學放置於整個清代《詩經》學甚至清代學術史的大背景之下，顯示出作者寬闊的研究視角。此外，本書稿還採用比較研究的方法來深化王照圓研究，如對清代才女沈善寶與王照圓在文學思想方面的比較研究、對清代才女梁端的《列女傳校注》與王照圓《列女傳補注》所進行的比較研究，都爲王照圓研究提供了新的視角。本書稿附錄部份，附編了《王照圓年譜簡編》和《王照圓宗族世系表》及《清代山東地區女性文學作家地域分佈表》，並附載了其他多種有關王照圓研究的資料和作者在攻讀碩士學位期間撰寫的幾篇有關王照圓研究的學術文章，對於進一步進行王照圓研究很有參考價值。

碩士研究生畢業後，于少飛同學考入山東大學儒學高等研究院，師從王承略教授攻讀中國古典文獻學博士學位。在山東大學學習深造期間，她不忘初心，對其碩士論文《王照圓研究》繼續加以修訂增補和完善，並聯繫了多家出版社，想盡快將自己的研究成果出版問世。但均由於出版費用而未能如願。有志者事竟成，苦心人天不負。今年夏初，以出版學術叢書而聞名學術界的臺灣花木蘭文化事業有限公司北京聯絡處的楊嘉樂先生來函邀約我向該社推薦學術書稿，並承諾不收取任何出版費用。於是我便推薦于少飛博士將其《王照圓研究》提交給花木蘭文化事業有限公司，提出出版申請。不久後，通過評審，花木蘭文化事業有限公司批准了于少飛的出版申請，並與其簽訂了出版合同。

值此《王照圓研究》即將出版問世之際，作爲本書稿的指導教師，我感到非常高興！非常欣慰！本書稿的撰寫凝結了于少飛同學多年的心血，見證了她在學業上的歷練和成長。本書稿的出版也是她多年的夢想。爲此謹向她表示衷心的祝賀！當然，我也深知，本書稿並非盡善盡美，還顯得有些稚嫩，還存在進一步完善的空間。爲此，真誠期待學術界同仁多加批評指教，期待于少飛同學在大家的扶持指導下取得更多的進步，在將來的學術事業中作出更大的貢獻。

丁 鼎

2017 年 10 月 15 日於歷下枕肱齋

目次

上冊

## 下　冊

### 附　錄

# 前　言

中國女性文學源遠流長，最早可以追溯至先秦時期。正如謝无量在《中國婦女文學史》的序言中所說：「婦女文學，自古已盛，及塗山氏作南音，則周公取風焉，以爲《周南》、《召南》。成周之時，婦女規模大具。婦人之辨通有文者，所在而有。」〔註 1〕縱觀中國古代文學史，女性作家雖然代不乏人，但唐代以前著名的女性文人可謂寥寥。唐宋時期雖然出現了像魚玄機和李清照這樣名垂千古的女性作家，但她們的存在顯得孤立又偶然，其創作也不足以代表當時女性文學發展的整體風貌。正如俞士玲所說：「當時並未出現足以涵育一般女性的社會思想、文化氛圍，因而也不可能出現拱衛她們的、如群星閃爍的女性詩人群體。」〔註 2〕。

至清代，女性文學大盛，「婦人之集，超軼前代，數逾三千。眾香、擷芳、正始、柳絮諸集所選，略見梗概」〔註 3〕。胡文楷《歷代婦女著作考》中所錄凡二十一卷，清代獨佔十五卷，共收錄了歷代有著作成集的婦女四千二百餘人，清代便有三千八百餘人。加上後世學者的整理補充，清代有著作可考的女性作家多達四千餘人〔註 4〕。清暉樓主在《清代閨秀詩鈔序》中云：「昔夫

〔註 1〕謝无量：《中國婦女文學史》，鄭州：中州古籍出版社，1992 年版，第 2～3 頁。

〔註 2〕俞士玲：《論明代中後期女性文學的興起和發展》，載於張宏生編《明清文學與性別研究》，南京：江蘇古籍出版社，2002 年版，第 164 頁。

〔註 3〕胡文楷：《歷代婦女著作考》，上海：上海古籍出版社，1985 年版，第 5 頁。（以下所引版本俱同）。

〔註 4〕胡文楷《歷代婦女著作考》所錄凡二十一卷，清代獨佔十五卷。該書共收錄了歷代有著作成集的婦女四千二百餘人，清代便有三千八百餘人。再加上史梅等學者輯出的未收入其中的一百一十八人。二者相加，則共有清代女性作家近四千人。

子訂詩，《周南》十有一篇，婦女所作居其七，《召南》十有四篇，婦女所作居其九；溫柔敦厚之教，必自宮闈始矣。使拘於內言不出於閫之說，則早刪而去之，何爲載之篇章，被之管絃，以昭示來茲也哉？降此漢魏六朝宮闈大家，里巷淑英，與名俊並傳者，不可枚舉，唐宋以來，厥風漸渺，至有清一代，閨閣之中，名媛傑出，如蕉園七子，吳中十子，隨園女弟子等，至今猶膾炙人口。」〔註5〕道出了清代女性文學發展的盛況。

清代女性作家形成了許多極具才華的群體，她們在文學、繪畫、書法、刺繡和音樂等多方面都表現出了很高的造詣。正如許夔臣在《香咳集》自序中所云：「自古多才，於今爲盛，發英華於畫閣，字寫烏絲擄麗彩於香閣，文縹黃絹。芙蓉秋水，筆花與臉際爭妍；楊柳春山，煙黛並眉間俱嫵。擅清風於林下，抒柔思於花前。韻剪瑤華，詞霏雲霧。終年洗硯，清流既濯錦之池；盡日含華，彩穎探畫眉之筆。拈毫分韻，居然脂粉山人；繡虎雕龍，不讓風流名士。」〔註6〕

清代女性文學的發展有一個十分值得注意的現象。前代女性文人中除李清照等人以外，很少有人涉足學術研究，至清代卻出現了很多學術成就顯著的女性學者。如王照圓、蕭道管、梁端、戴聖儀四人都精於經典考據，各有《列女傳》注釋方面的學術著作傳世〔註7〕；經學方面有張屯的《易道入門》、安璿珠的《周易翼釋義》、楊文楷的《報經堂群經校刊記》等；史學方面有劉文如的《四史疑年錄》；詩詞學方面有熊璉的《淡仙詩話》、沈善寶的《名媛詩話》、趙慈的《詩學源流考》等。也有很多女詩人編輯了閨秀詩詞文選本，如柳如是的《古今名媛詩詞選》、季嫻的《閨秀集初編》、惲珠的《國朝閨秀正始集》及《國朝閨秀正始續集》、姜元寶的《閨秀詩文錄》、張滋蘭的《吳中十子詩鈔》等等。清代女性文人在學術研究和文獻整理方面顯示出了一定的才能。〔註8〕

〔註5〕參見胡文楷：《歷代婦女著作考》，第927頁。

〔註6〕〔清〕許夔臣：《〈香咳集〉自序》，載於《香豔叢書》（第八集）卷四，北京：人民文學出版社，1998年版，第4頁。

〔註7〕王照圓著有《列女傳補注》，蕭道管著有《列女傳集解》，梁端著有《列女傳校注》，戴聖儀著有《清代列女傳》。

〔註8〕參見段繼紅：《清代閨秀文學研究》，天津：南開大學出版社，2007年版，第40～41頁。

學界對於清代女性文學的研究已經取得了階段性的成果。前有作爲清代女性文學史而著稱的梁乙眞的《清代婦女文學史》，後有年輕學者段繼紅的《清代閨閣文學研究》等等；學術論文更是不計其數。從總體上看，這些著作多從時代性入手，關注清代文化背景下女性特殊的社會地位和生活處境以及由此而產生的獨特情懷。進入 20 世紀以來，學界開始更多地關注女性文化的地域因素，但注意力多從宏觀角度來考察女性文學的地域性特徵，例如陸草的《論清代女詩人的群體特徵》（載於《中州學刊》1993 年第 3 期）、王萌的《明清女性創作群體的地理分佈及其成因》（載於《中州學刊》2005 年第 5 期）和宋清秀的《清代女性文學群體及其地域性特徵分析》（載於《文學評論》2013 年第 5 期）等，或視點多集中在江蘇、浙江、福建等南方地區，例如甘霖的《清代貴州的女詩人》（載於《湖州師專學報》1991 年第 2 期）、戴慶鈺的《明清蘇州名門才女群的崛起》（載於《蘇州大學學報》1996 年第 1 期）和傅瑛的《明清安徽婦女文學著述輯考》（黃山書社 2010 年版）等等。

除了宏觀研究，近些年來學界對於清代女性作家的微觀研究也有不俗的成績。文獻整理方面有張鈞的《顧太清詩詞》（吉林文史出版社 1989 年版），張璋的《顧太清奕繪詩詞全集》（上海古籍出版社 1998 年版），作家作品研究方面有張鈞的《顧太清全傳》（長春出版社 2000 年版）和張菊玲的《曠代才女顧太清》（北京出版社 2002 年版）等等。整體而言，不論是宏觀性研究還是微觀性研究，學界的研究多關注南方地區的女性作家，而對於北方地區的女性作家則關注較少。尤其山東作爲傳統文化之鄉，其女性文學發展在清代也達到了高峰，但學界關於清代山東地區女性作家的群體研究關注度不高，著作和論文甚少，如高春花的《清代山東地區女詩人著作知見錄——〈歷代婦女著作考〉訂補》（載於《湖北社會科學》2013 年第 10 期），石玲的《清代曲阜孔氏聖裔女詩人論略》（載於《山東師範大學學報》2013 年第 3 期）等；而微觀性研究領域的成果幾乎爲空白。

不僅如此，縱觀學界此前對女性作家的專門性研究，落腳點多是詩詞、戲曲，如張珍懷的《清代傑出的女詞家徐燦》（載於《蘇州大學學報》1986 年第 1 期）、董淑端的《顧太清及其詞作的審美特色》（載於《滿族文學》1989 年第 9 期）、賀超的《論柳如是詩詞中獨特的精神內涵》（載於《贛南師範學院學報》1992 年第 2 期）、王英志的《性靈派女詩人「袁氏三妹」》（載於《復旦學報》1995 年第 5 期）、鄧紅梅的《孤傲勁爽的顧貞立詞》（載於《山東師範大學學報》1996 年第 3 期)、陸萼庭的《女曲家吳藻傳考略》(載於《文史雜誌》6 卷第 2 期)、王奕軍的《「一洗人間粉黛羞」: 浙江古代女劇作家吳藻》(載於《戲文》1982 年第 5 期)等等，而對於女性作家學術成就的關注度較少。

縱觀中國古代文學史中的女性文人，除了李清照以外，如魚玄機、顧太清、沈善寶、徐燦等多被冠以「女詩人」、「女詞人」的稱號，而鮮有人被稱爲女學者。王照圓(1763～1851)，名照圓，字婉佺，山東煙臺福山人，清代經學大師郝懿行之妻，清代山東地區著名的女經學家、文學家。她博通經史，能填詞作詩，亦擅長工筆山水，以才藝獲「福山李清照」的讚譽〔註 9〕。受母親影響和督促，王照圓自幼勤勉好學，婚後又與丈夫郝懿行亦師亦友，共同致力於學術研究，二人有「棲霞郝夫婦」之美譽。臧庸曾以「夫妻著述，一家兩先生」之語將二人在學問上的成就與王念孫、王引之父子相提並論，足見郝氏夫婦在清代學術界的地位和影響之一斑。因爲丈夫的緣故，王照圓與同時代阮元、臧庸、王念孫、馬瑞辰、胡承珙等著名學者多有生活上的往來和學術上的交流。

王照圓博通經史，著述頗豐，不僅擅長詩文寫作，在學術研究領域更是頗有建樹。王氏受母親遺囑，以曹大家注爲主，兼取虞貞節、綦母邃之義補注《列女傳》，其「考僞證謬，訂異參同，頗能通其隱滯，發前人所未及。詮釋名理，校正文字，貫串經傳，疏解精嚴」，對後學研究《列女傳》具有十分重要的參考價值。又因研究《列女傳》而涉及《列仙傳》，並認爲俗本多失其眞，故而旁搜唐以來類部及注家所援來校今本。又從《道藏本》得其梗概，略加訂正，撰成《列仙傳校正》。王氏綜合採用多種校勘方法，不僅校勘內容全面，對《列仙傳》體例和人數亦有所闡發。丁福保贊其書爲「當世最善、最難得之本」。

王照圓作爲清代乾嘉時期著名的女經學家，其在經學研究領域最主要的成就是對《詩經》的解讀。王氏自幼習讀《詩經》，年輕時曾作《葩經小記》，可惜未能流傳下來。她曾不滿朱熹《詩經》注釋的晦澀而加以重注，後整理舊稿，並同郝懿行一起研究考訂。最終由郝氏執筆，以問答的形式記錄二人對《詩經》的新解，著成《詩說》二卷、《詩問》七卷，在當時的學術界引起

〔註 9〕煙臺文化志編纂委員會編:《煙臺文化志》第十九章《人物》，北京：人民出版社，1999 年版，第 268 頁。

了廣泛關注。王氏「說詩」以經爲本探討《詩》義，論《詩》往往能跳出尊漢與尊宋的藩籬，以《詩》論《詩》，可謂漢宋兼採，不加偏廢。《詩說》、《詩問》二書採用閒居問答的方式記錄了二人關於《詩經》的見解，文中涉及大量名物訓詁、字詞考證，亦不乏對《詩經》文學價值的挖掘。更可貴的是，她從女性視角爲清代《詩經》學思想研究注入了女性情懷。總之，王氏《詩經》學偏重於文學本位研究，加之兼容又獨立的治學態度，在當時考據風氣盛行的《詩經》學林是相當難得的。周作人曾贊其《詩》說「能體察物理人情，眞有解頤之妙」、「殊有意趣，此種說經中有眞脈搏」，可謂灼見。

在詩歌創作領域，王氏與郝氏於平日間詩詞唱和不斷，後結集成書，題爲《和鳴集》（一卷），取鸞鳳和鳴之意。詩人雖居閨閣之中，卻頗能感悟生活眞諦，其詩歌在以和爲美的主旋律的引導下，內容豐富多樣，藝術特色也十分鮮明，可謂閨秀詩中的佳作。在散文創作方面，郝懿行《曬書堂集》收王照圓《曬書堂閨中文存》一卷，是王氏平日所寫散文的彙編。此外，《夢書》是王氏輯佚類的學術成果，其中除輯佚唐宋類書中關於占夢的理論以外，還包含了王照圓關於夢境、人生的一些看法和感悟，從中可略見其生活態度。

綜上所述，筆者以爲，王照圓雖未像上述提及的女性文人那樣在文學史上留下千古美名，但她在文學和經學領域，尤其是在經學領域的成就不容忽視。對王照圓這類在文學和經學領域均有一定造詣的女學者進行全面系統的研究，分析其治學思想，研究其思想和學術成就，對於清代北方地區的女性文學研究具有十分重要的意義和價值。

可能因女性身份地位較低以及作品刊印、流傳較少等一些原因，自清代以來關於王照圓的研究一直不夠全面系統，她個人在經學、文學方面的成就及其歷史地位一直沒有得到應有的重視。清代以來關於王照圓的研究資料及成果數量有限且較爲零散，現按時間順序分別評述於下。

### （一）清代

有清一代，學界對王照圓的介紹頗多，但專門研究甚少。這一時期的研究多分爲兩大類：一是清代一些學者的文集中零星記載著郝懿行的事蹟，附帶介紹王照圓的身世及其著述，這類記載內容簡略且大致相同；二是因郝懿行在清代乾嘉時期學術成就顯著，影響力頗深，加之王照圓自身的學術影響力，同時代與郝氏交好的學者於文集中常提及王照圓，還有甚者諸如臧庸、馬瑞辰等人曾爲王照圓的著述作過序跋。

郝懿行在著述中多次提到王照圓的學術研究成果，例如《爾雅義疏》記載：

《說文》：「岵，山有草木也。」「屺，山無草木也。」……《詩·陟岵》傳：「山無草木曰岵，山有草木曰屺」，與此相反。正義以傳爲傳寫誤，是也。王照圓《詩小記》云：「《爾雅》以岵爲多草木，即知屺爲少草木，非全無草木也。毛傳『有』、『無』二字，不必深泥。」〔註10〕

又載：

詩「猗彼女桑」傳：「女桑，荑桑也。」荑即桋之正文，謂木更正細者，故鄭箋云「女桑，少枝長條」是也。王照圓《詩小紀》云：「桋當爲夷。」夷與薙音義同，謂芟夷復生者，桑樹芟夷彌茂，猗言茂美也，女言柔弱也。〔註11〕

王照圓精通訓詁之學，著作中常能旁徵博引，對《爾雅》和《詩經》都有獨特的見解，對郝懿行的學術研究起到了很好的輔助作用。

郝懿行對王照圓的學術研究也十分關注。其《曬書堂文集》卷二《與孫淵如觀察書》一文記載：

拙荊王婉佺前著《葩經小記》，未有定本，又校《列仙傳》二卷，輯《周宣夢書》一卷。近復欲注《列女傳》，將上繼曹大家之遺躅，亦未知能了此事不也。〔註12〕

書中言王照圓「欲注《列女傳》」，可知《列女傳補注》的撰寫始於此時，對我們研究《列女傳補注》的成書有重要的參考價值。另外，《曬書堂文集》外集卷上《代婉佺與王及人延慶學博書》、《代婉佺謝四史疑年錄啓阮芸臺先生之側室劉》等等文章，也都提到了王照圓學術上的一些設想，對於王照圓學術思想的研究提供了一些線索。

清代著名學者馬瑞辰在其《毛詩傳箋通釋》中亦常引王照圓之說，如卷十六馬瑞辰解釋「猗彼女桑」時曰：

---

〔註10〕〔清〕郝懿行：《爾雅義疏》（卷中七），安作璋主編《郝懿行集》（第四冊），濟南：齊魯書社，2010年版，第3418頁。（以下所引版本俱同）

〔註11〕〔清〕郝懿行：《爾雅義疏》（卷下二），第3597頁。

〔註12〕韓寓群主編：《山東文獻集成》第二輯第48冊，郝懿行《曬書堂文集》，濟南：山東大學出版社，2009年版，第456頁。（以下所引《山東文獻集成》版本相同）

> 王照圓《詩小紀》曰：「桋，當爲夷。夷與薙音義同，爲芟夷復生者。桑樹芟夷彌茂，猗言茂美也，女言柔弱也。」今浙中種桑皆小桑，其枝每歲皆經芟夷，是亦可備一說。〔註13〕

王照圓工於名物訓詁之學，對於《詩經》中的字詞釋義常有新解，馬瑞辰等經學家對此多有贊同，由此可見王照圓的學術研究在當時學術界頗有影響力。

清代很多著名學者在有關著述中對王照圓多有介紹，例如桂文燦《經學博采錄》卷八在介紹郝懿行時云：

> 户部繼配宜人王氏名照圓，字瑞玉，號婉佺，博涉經史，撰《列女傳補注》、《列仙傳校正》、《詩經小記》。户部卒後，輯其遺書以求彰顯於世。〔註14〕

胡培翬《研六室文鈔》卷十《郝蘭皐先生墓表》也有類似的介紹：

> 先生繼配宜人王氏，名照圓，字瑞玉，號婉佺，博涉經史，撰《列女傳補注》、《列仙傳校正》、《詩經小記》。先生卒後，輯其遺書以求彰顯於世。〔註15〕

此類介紹大多以郝懿行爲主，對於王照圓只是幾筆帶過。也有學者在著述中詳細介紹了王照圓的身世及其著作，例如王培荀《鄉園憶舊錄》卷三記載：

> 王照圓，字婉佺，山東福山人，主事郝懿行室。懿行字蘭皋，嘉慶己未進士，有才名。婉佺書仿歐柳，古文得六朝人筆意，尤精漢學。日與懿行考訂經史，疏《爾雅》，箋《山海經》，明躁都下。有《列女傳補注》八卷，《敘錄》一卷，《列仙傳校正》一卷，《敘贊》一卷，《夢書》一卷。阮芸臺先生之母林太夫人，性耽墳典，繪有「石室藏書小照」，獨坐石上，芸臺先生執書侍立。婉佺題詩有云：「齋名積古從公定，室有藏書是母留。」芸臺先生「績古齋」後改名「積古」，故云。齊河女史郝秋岩寄以詩，小序云：「嫂棲霞族兄懿行室也，兄以著述馳聲天下，嫂亦文章博洽，名能與兄偶，學者稱爲婉佺先生。甲戌冬，嫂自京師以所注《夢書》、《列女傳》見寄，賦此

〔註13〕〔清〕馬瑞辰著，陳金生點校：《毛詩傳箋通釋》，北京：中華書局，2012年版，第456頁。（以下所引版本俱同）

〔註14〕〔清〕桂文燦著，陳居淵注：《經學博采錄》，桂林：廣西師範大學出版社，2011年版，第179頁。

〔註15〕〔清〕胡培翬：《研六室文鈔》，《續修四庫全書》本，集部第1507冊，上海：上海古籍出版社，2002版，第484頁。（以下所引《續修四庫全書》本俱同此版本）

誌謝：「文星夜朗銀河北，賢媛聲華溢京國。續史無慚世叔妻，生花肯讓江郎筆。憐爾文章播上清，蛾眉不愧號先生。遙遙願識瓊枝色，眷夢無因到鳳城。」〔註16〕

王蘊章《然脂餘韻》、震鈞《國朝書人輯略》對王照圓的記載內容大致與此略同，在此不作贅述。

清代許多著名學者或慕王照圓之才，或因與郝懿行交好而常於著作中提及王照圓，甚至還有幾位著名學者爲王照圓的著作撰寫序言，對其學術成就給予了高度評價。例如臧庸曾受郝懿行之託爲王照圓《列女傳補注》作序曰：

時有夫子著述，一家兩先生，王石渠觀察暨令嗣曼卿學士也。有夫婦著述，一家兩先生者，郝蘭皋户部暨德配王婉佺安人也。……而户部以安人所著《列女傳補注》八卷、《敍錄》一卷屬庸校定，並索序言。……以爲當代女師，一人而已矣。是書先有曹大家、綦母邃、虞貞節三家注，《補注》以曹爲主，而兼採綦母、貞節之意，故名。……幸得如安人者，爲之疏通疑義，詮補舊說，而大旨了然，宜家置一編，爲人倫之始，王化之端，海內之治，將駸駸日上。〔註17〕

給予了王照圓極高的評價。具體分析《列女傳補注》時，臧庸認爲凡《列女傳》引《詩》文義與《毛詩》異者，《列女傳補注》悉歸爲《魯詩》說，這既爲我們解讀王照圓《列女傳補注》提供了線索，更有助於我們瞭解王照圓的經學思想。

馬瑞辰也爲王照圓《列女傳補注》作序，並針對王照圓《列女傳補注》引《詩》問題提出了自己的見解：

考《傳》所引《詩》，惟「康王晏起，《關雎》起興」與《漢書·杜欽傳》同，「先君之恩，以畜寡人」與《坊記》引《詩》鄭注爲定姜送婦同。一則師古以爲《魯詩》，一則《釋文》以爲《魯詩》，可顯證爲《魯詩》說耳。其以《式微》爲黎莊夫人作，《碩人》爲莊姜傳母作，經傳無證，不能確指爲《魯詩》之學。〔註18〕

〔註16〕〔清〕王培荀著，蒲澤校點：《鄉園憶舊錄》，濟南：齊魯書社，1993年版，第157頁。（以下所引版本俱同）

〔註17〕〔清〕臧庸：《拜經堂文集》卷二，《續修四庫全書》本，集部第1481冊，第534頁。

〔註18〕〔清〕王照圓著，虞思徵點校：《列女傳補注》，上海：華東師範大學出版社，2012年版，第6頁。（以下所引版本俱同）

馬瑞辰對臧庸等人的看法提出了異議，得出了「劉向所引《韓詩》實多，似不得謂其悉本《魯詩》也」的結論，對於我們研究王照圓的學術思想提供了新的思考。

另有洪頤煊曾爲王照圓《列仙傳校正》作序：

> 郝蘭皋農部以德配王婉佺安人所校劉向《列仙傳》見並問序於余。……劉向典校經籍始作「列仙」、「列士」、「列女」之傳，晉唐人所論如是，不可謂向無此書也。陶弘景《眞誥》云孔安國撰孔子弟子七十二人，劉向撰列仙亦七十二人，今本止七十人，安人考訂脱《羨門》、《劉安》二傳，……其餘字句之異同傳寫之誤，安人舉之最詳。如「嘯父少在西周市上補履」，安人據《文選注》、《水經注》證「西周」當作「曲周」。〔註19〕

洪頤煊在文中指出王照圓《列仙傳校正》對於《列仙傳》有兩點貢獻，一是在《列仙傳》所列人數方面，王照圓考訂出劉向《列仙傳》脱《羨門》、《劉安》二傳；二是王照圓總結了很多《列仙傳》字句、傳寫方面的訛誤。

另外，清代光緒年間編纂的《棲霞縣續志・人物志下》「賢媛」也對王照圓作了簡單介紹〔註20〕，但內容甚爲簡單。以上是清代學者對王照圓生平及其著述的記載和研究，因與王照圓同屬一個時代，材料眞實性較高，對於王照圓研究的進一步展開有較高的參考價值。

## （二）民國時期

民國時期與王照圓生活的時代相去未遠，學者們對於王照圓的研究多局限於在清人記載的基礎上轉述或稍加引申。諸如著名學者徐世昌《晚晴簃詩匯》介紹王照圓：

> 王照圓，字瑞玉，一字婉佺，福山人，棲霞郝懿行室，有《婉佺詩草》、《詩話》〔註21〕。婉佺幼孤，母林（筆者注：此處當脱「孺

---

〔註19〕〔清〕洪頤煊：《筠軒文鈔》卷八，《叢書集成初編》本，第133冊，北京：商務印書館，1935～1937年版，第632～633頁。

〔註20〕參見〔清〕《（光緒）棲霞縣續志》，取自《中國地方志集成・山東府縣志輯》第五十一冊，南京：鳳凰出版社，2004年版，第183頁。（以下所引版本俱同）

〔註21〕民國退耕堂刻本《晚晴簃詩匯》原文爲「王照圓，字瑞玉，一字婉佺，福山人棲霞郝懿行室，有《婉佺詩草》。詩話婉佺幼孤……」筆者以爲「詩話」二字的位置有誤，似應放在《婉佺詩草》之後更爲合理，而且應該是同一本著作。行文中已做了修改。

人」二字）教以讀書，命作《列女傳補注》。于歸後，蘭皋有所述造，每爲寫定題識，其所著諸書皆附蘭皋書以行。尤喜言詩，著《葩經小記》未成，蘭皋撰《詩問》，謂與婉佺相問答，條其餘義別爲《詩說》，採婉佺說居多。後誤爲婉佺作。〔註22〕

另附王照圓《梅花》、《迎春花》、《簪迎春花》、《春柳》、《西海子看新荷》和《題阮太師母石室藏書小照》詩六首，但並未展開論述。趙爾巽《清史稿》對王照圓的介紹多摘自王照圓《閨中文存》中的記載，閔爾昌《碑傳集補》轉載了王照圓的《記從表妹林氏遺書》一文。

作爲我國較早的三部古代婦女文學史著作之一，梁乙眞《清代婦女文學史》第三編第三章「婦女著述家」列有「漢學家之王照圓（附郝懿行）」〔註23〕一節，對王照圓的生平和著述作了簡單介紹，並轉引了臧庸、馬瑞辰、郝懿行等人對王照圓學術成就的評價，內容較爲簡單。此外，周作人《苦竹雜記》中《郝氏說詩》一文也對王照圓的學術成就給予了高度評價，並直言「清代女作家中我覺得最可佩服的是郝懿行的夫人王照圓」〔註24〕。周氏還列舉了《詩問》、《詩說》中郝懿行與王照圓相互問答的例子，但沒有進一步展開分析。

許維遹1935年發表的《郝蘭皋（懿行）夫婦年譜》（附著述考）〔註25〕是民國時期王照圓研究最重要的學術成果，也可視爲對此前王照圓研究成果的一個系統梳理。1975年由香港崇文書店印行成書，名爲《郝蘭皋（懿行）夫婦年譜》〔註26〕。年譜按時間順序對郝懿行和王照圓每一階段的經歷、交遊和學術創作都進行了簡單梳理，也附帶了材料出處，方便人們尋找相關材料和進一步研究。年譜介紹了與郝懿行同時代的著名學者，諸如王念孫王引之父子、牟庭、臧庸等人與郝氏夫婦二人的學術交流，爲後學者研究二人的學術成就提供了廣闊的學術背景。年譜對於王照圓一生的介紹較爲簡單，只是根據已有文獻的記

〔註22〕〔民國〕徐世昌：《晚晴簃詩匯》，《續修四庫全書》本，集部第1633冊，第424頁。

〔註23〕〔民國〕梁乙眞：《清代婦女文學史》第三編，北京：知識產權出版社，2006年版，第205頁。

〔註24〕〔民國〕周作人：《苦竹雜記》，北京：人民文學出版社，2002年版，第140頁。（以下所引版本俱同）

〔註25〕許維遹：《郝蘭皋（懿行）夫婦年譜》（附著述考），《清華大學學報（自然科學版）》，1935年第1期。

〔註26〕許維遹：《郝蘭皋（懿行）夫婦年譜》（附著述考），香港：崇文書店，1975年版。（以下所引版本俱同）

載，羅列了與王照圓生活和學問研究密切相關的階段，對其學術成就的介紹更爲簡略。全書以介紹郝懿行爲主，對王照圓出嫁前的生活經歷以及家庭生活對於她學術思想和文學素養的影響未作詳細說明。書中對於現存的王照圓著作的寫作年代、寫作背景都做了明確介紹，爲後學者提供了便利。

## （三）新中國時期

新中國建立以來學界關於王照圓的研究更趨於系統化，研究角度更加全面，內容細化到王照圓生平、交遊和學術研究各個方面，對於王照圓研究的進一步展開有較高的參考價值。茲按照研究內容分別評述如下：

### 1. 關於王照圓生平交遊的研究

楊向奎《清儒學案新編》第六卷有關於邵晉涵、郝懿行的《餘姚・棲霞學案》，其中附有對王照圓的介紹，內容較爲簡略：

> 懿行妻王照圓字瑞玉，博涉經史。當時學者著書家有高郵王氏父子，棲霞郝氏夫婦之目。照圓聰慧過人，每與懿行持論不合，爭辯竟日。著有《詩説》一卷，《列女傳補注》八卷，附《女錄》一卷，《女校》一卷。又與郝懿行以詩答問，懿行錄爲之《詩問》七卷。其《爾雅義疏》亦間取照圓説。〔註 27〕

內容雖較爲簡略，但有助於加深我們對王照圓學術生活的瞭解。

翟如潛的《郝懿行與王照圓》〔註 28〕是一篇專門系統研究郝懿行與王照圓身世、生活和學術成就的論文。首先介紹了郝懿行青少年時期的求學經歷和從師經歷。然後重點寫「二人志同道合，平日裏以詩唱和」，「生活中安於貧困，休戚與共，終身廝守」的婚姻生活，最後介紹了郝懿行與王照圓在學問研究中的互幫互助，即使「在貧困相侵的逆境中，也毫無懈怠，王照圓和丈夫一起『析疑辨難，如師如友』」。整篇文章也同許維遹的《年譜》一樣，大致按照時間的順序串連郝懿行與王照圓的一生，線索上不如許《譜》詳備，但內容更加充實，對我們更好地瞭解王照圓的生活和治學經歷提供了更直觀的材料。但其缺憾也與許《譜》相同，仍沒有涉及到王照圓的學術思想，還有王照圓與郝懿行在學術上的相互影響，都有待進一步展開研究。

---

〔註 27〕楊向奎：《清儒學案新編》（第六卷），濟南：齊魯書社，1994 年版，第 3～4 頁。

〔註 28〕翟如潛：《郝懿行與王照圓》，《煙臺師範學院學報（哲學社會科學版）》，1994 年第 1 期。

與之類似的還有韓淑舉、樊偉的《清代經學家郝懿行、王照圓》〔註 29〕，在簡要介紹二人生平事蹟的基礎上更加突出論述二人對乾嘉時期學術研究中的重要地位。子曰的《王照圓與郝懿行：煙臺伉儷名揚大清》〔註 30〕用通俗的語言對王照圓和郝懿行的生平、交遊和治學經歷作了簡單介紹，有助於我們加深對王照圓的瞭解。此外，煙臺晚報曾刊登過一篇《王照圓：長於訓詁亦擅文學》的文章，對王照圓的生平作了簡單介紹。

曹慧《清代山東學者交遊的歷史考察》〔註 31〕是一篇從地域性角度入手，系統考察清代山東地區學者交遊情況的學術論文。該文第三章第二節介紹了「郝懿行夫婦的交遊活動」。作者以爲「郝懿行夫婦能成爲一時名家，這固然得益於二人的家學淵源，父母的諄諄教誨和自身的勤奮努力。但同時亦和良師益友的影響是分不開的。」充分肯定了與同時期學者的廣泛交遊對郝氏夫婦二人治學道路的影響。文章共分兩部份具體分析了郝氏夫婦二人的交遊情況。第一部份「與恩師之往來」，作者主要介紹了郝氏夫婦同「恩師」王古村、「座師」阮元、孫星衍、王念孫等人的交往情況；第二部份「與至交好友之往來」，重點介紹了郝氏夫婦同牟庭、王引之、臧庸、宋翔鳳、馬瑞辰、胡承珙等人在生活和學術上的交往情況。文章整體上以介紹郝懿行的交遊爲主，對王照圓交遊情況的介紹較爲簡單，但爲我們進一步研究王照圓提供了廣闊的視野。

從地域性角度研究王照圓的文章還有宋清秀《清代才女文化的地域性特點——以王照圓、李晚芳爲例》〔註 32〕一文：這篇文章以清代兩大才女——山東王照圓、廣東李晚芳爲例，通過地域文化、家庭環境兩方面的比較，研究清代才女文化的地域性特點。作者認爲地域文化是女性文化出現地域性特點的外因，強調山東地區重視詩書禮樂，「這種崇尚儒術、修經習史的風氣對女性的影響很大」。作者意識到一個地區的文化傳統對於該地區女性文化的影響，這是十分有價值的，這種對地域性的研究爲我們提供了研究王照圓思想

〔註 29〕韓淑舉、樊偉：《清代經學家郝懿行、王照圓》，《齊魯文史》，2001 年第 4 期。
〔註 30〕子曰：《王照圓與郝懿行：煙臺伉儷名揚大清》，《走向世界》，2014 年第 48 期。
〔註 31〕曹慧：《清代山東學者交遊的歷史考察》，山東師範大學碩士學位論文，2012 年。
〔註 32〕宋清秀：《清代才女文化的地域性特點——以王照圓、李晚芳爲例》，《浙江師範大學學報（社會科學版）》，2005 年第 4 期。

的新角度。在文章第二部份中，作者分別從家庭環境、教育觀念、才名觀念、作品影響力四個方面對兩位女性學者進行了比較研究。重點論述了母親林孺人和丈夫郝懿行對王照圓生活和治學生涯的影響。作者通過比較，雖旨不在於具體闡述二人的學術成就，但對後學者有兩點啓示值得肯定：一是從地域性角度來考察外因對一個人學術成就的影響，二是從家庭環境角度來研究內因對一個人學術成就的影響。總之，文章爲後學者進一步研究王照圓以及清代才女文化提供了新的思路和角度。與之相類似，郭蓁《清代女詩人的成長與家庭教育》〔註 33〕從家庭教育環境的角度入手研究女性作家的成長成才，也爲我們研究王照圓的生平和學術經歷提供了更加廣闊的視角。

此外，還有學者從家學傳承的角度考察王照圓與郝懿行在治學道路上的協作，如蘭秋陽、高會霞、陳金泉《清代經學世家及其家學考略》〔註 34〕一文。文章指出「在經學世家家學傳承的譜系中，再也無法發現大量女性的身影。惟一的一例是棲霞郝懿行、王照圓夫妻，二人均博涉經史，著述等身。」並且認爲「這一現象與清代的文學世家、繪畫世家中存在大量女性的事實迥異」，間接肯定了王照圓作爲一名女性在經學領域取得的非凡成就。

2. 關於王照圓著述和學術思想的研究

張述錚《〈郝蘭皋夫婦年譜〉訂訛》〔註 35〕是對許維遹《年譜》部份內容的質疑和訂正。作者首先肯定了許《譜》「爲國內獨擧，歷時 50 餘載，迄今未見堪與匹敵的別種年譜問世」的學術價值，然後就許《譜》對於郝懿行《晉宋書故》、《宋瑣語》、《補宋書刑法志》、《補宋書食貨志》等四部著作的繫年及其序的歸屬問題提出疑問，並進行了詳細論證，提出了自己的觀點。許譜認爲《閨中文存》所收《晉宋書故跋》是王照圓專爲《晉宋書故》而作，而張文認爲此跋是王氏爲上述這四部書所作的總跋，只是「由於後世在整理郝氏遺書時，匆匆付梓，將此跋文錯放在《書故》之後所造成的。」張氏還推斷「《書故》的成書應當在甲戌年（嘉慶十九年）二月至七月」。筆者認爲張文從文獻和情理兩方面來分析考證序文的寫作時間，合史合情合理，值得肯定，對於後學者研究郝懿行和王照圓的學術經歷有很高的價值。張文通過對

〔註 33〕郭蓁：《清代女詩人的成長與家庭教育》，《東嶽論叢》，2008 年第 5 期。

〔註 34〕蘭秋陽、高會霞、陳金泉：《清代經學世家及其家學考略》，《河北北方學院學報（社會科學版）》，2009 年第 6 期。

〔註 35〕張述錚：《〈郝蘭皋夫婦年譜〉訂訛》，《山東師範大學學報（社會科學版）》，1989 年第 1 期。

郝懿行四部書自序的分析，認爲許《譜》對它們的完成次第也沒有理清楚，並提出了自己的觀點。雖然考訂的這四部書皆是郝懿行所作，但作時郝懿行養疴廢業，很多的學術資料經王照圓整理所得，這對於後學者研究王照圓的思想有一定幫助。筆者認爲理清王氏《晉宋書故跋》的撰作時間，對於探討王照圓的經歷與其學術思想的關係有較重要的意義。但因此文只是對許《譜》的一個訂訛，所以內容仍不涉及王照圓的思想研究。

黃非木《關於〈列仙傳〉校正》〔註36〕就胡道靜《〈道藏〉與中國文化》一文中「清嘉慶時孫星衍的夫人王圓照校《列仙傳》，也直接用南京朝天宮所藏《道藏》本核對，補足贊文」〔註37〕的講法提出了三點不同看法。首先，黃非木指出「嘉慶時校《列仙傳》的女士不叫王圓照，而叫王照圓；她不是江蘇常州人孫星衍的夫人，而是山東棲霞人郝懿行的夫人。」並引用了《郝氏支譜》、王照圓自撰《列仙傳序》以及洪頤煊所撰《列仙傳校正序》等材料進行了佐證。其次，黃非木指出「王照圓校《列仙傳》時所使用的《道藏》，也不是南京朝天宮的藏本，而是北京白雲觀的藏本。」並列舉出了郝懿行《曬書堂文集》、許維遹《郝蘭皋（懿行）夫婦年譜》等多條證據加以證明。再次，黃非木指出王照圓不僅否定《列仙傳》的作者是劉向，而且她認爲明藏本中的贊文是「淺人所爲」，「不足可存，今雖錄出，別更爲篇，不與本傳連綴」，而並非胡道靜所說「補足贊文」〔註38〕。這篇文章對於研究王照圓《列仙傳校正》有重要的參考價值。

徐興無《清代王照圓〈列女傳補注〉與梁端〈列女傳校讀本〉》〔註39〕一文從三個方面將王照圓《列女傳補注》和梁端《列女傳校讀本》進行了比較分析。第一，劉向《列女傳》與中國女性學者對女性歷史的研究。作者指出「王、梁二家整理《列女傳》，在嘉慶、道光之間，正是清代樸學極盛之時」，肯定了王、梁二人校注《列女傳》的歷史意義。第二，《列女傳補注》及《列女傳校讀本》的撰寫過程。作者指出「這兩家先後而成，南北相映的著作，

〔註36〕黃非木：《關於〈列仙傳〉校正》，《中國道教》，1990年第1期。
〔註37〕胡道靜：《〈道藏〉與中國文化》，《中國道教》，1988年第1期。
〔註38〕韓寓群主編：《山東文獻集成》第二輯第48冊，王照圓《曬書堂閨中文存》，第641頁。
〔註39〕徐興無：《清代王照圓〈列女傳補注〉與梁端〈列女傳校讀本〉》，載於張宏生主編《明清文學與性別研究》，南京：江蘇古籍出版社，2002年版。（以下所引版本俱同）

其撰寫過程又特別相似，即皆源自於家教，切磋於夫婦，斟酌於師友」。具體到王照圓，作者先後介紹了其母林孺人、丈夫郝懿行以及同時代師友對王照圓補注《列女傳》的影響。然後通過簡單比較得出了「王氏重訓詁而梁氏重校勘」的結論。第三，《列女傳補注》與《列女傳校讀本》的學術特色。作者比較二人著作得出了「王氏簡約而梁氏精博」的結論。這篇文章將王、梁二人對《列女傳》的校注放置於清代學術背景之下，爲我們研究王照圓的學術成就提供了廣闊的時代背景。

李瑩《王照圓〈列女傳補注〉研究》〔註 40〕是一篇專門研究王照圓《列女傳補注》的學術論文。作者首先簡單介紹了王照圓的生平和《列女傳補注》的地域影響。對《列女傳補注》地域影響的研究，作者認爲「王照圓寫《列女傳補注》的影響遠非補注本身，它具有一種時代性的標誌特徵」，但只是點明了地域環境對王照圓補注《列女傳》的影響，卻未具體論述王照圓《列女傳補注》產生的地域影響。作者用全文三分之二的篇幅對《列女傳補注》進行了細緻的歸納和整理，涉及到注詞義、注句義、注異文、注脫文和注衍文等六方面，並詳細標明了出處和頁碼，方便人們對《列女傳補注》的閱讀，並於每種分類之下都作了中肯的評價，從中可見王照圓在學術研究上的一些原則和治學方法。筆者認爲這種側重於文獻整理的研究對於後學者瞭解王照圓《列女傳補注》的成就確有一定的學術價值，但缺憾之處在於僅僅停留在文字層面，並未體現出這種分類更深層次上的價值和意義，也沒有涉及到王照圓思想領域的研究。作者分別從對《列女傳》傳播的影響，對音韻學、文字學和傳統注釋學的影響，對清代考據學的影響三方面分析了《列女傳補注》價值。第一點中作者僅說明了《列女傳補注》在清代學術界中的影響力，以及對女性學者地位的提高產生的影響，並未詳細說明《列女傳補注》對《列女傳》傳播的影響。第二點中作者充分可定了《列女傳補注》對傳統注釋學的影響，但所列舉實例更多地證明了王照圓《列女傳補注》對於傳統注釋學的應用，而對於其對傳統注釋學的影響論述較少。第三點中作者就其《列女傳補注》對清代考據學的具體影響的論述略顯單薄。

與以上關於王照圓著作的研究成果相比，目前學界更加關注對王照圓《詩經》學成就的研究。

〔註 40〕李瑩：《王照圓〈列女傳補注〉研究》，東北師範大學碩士學位論文，2011 年。

關鵬飛《〈詩經〉研究史上的別樣聲音——〈葩經小記〉中的女性視角和女性意識》〔註 41〕是一篇專門研究王照圓《葩經小記》的論文。作者將《詩說》、《詩問》中提及王照圓《詩經》學觀點的部份摘錄出來，並進行了系統的整理與分類。作者首先肯定了《葩經小記》「從女性視角出發，對《詩經》進行了闡述和解讀，第一次在《詩經》研究中發出了女性的聲音。它的出現，打破了男性學者在《詩經》研究史上一統天下的局面，具有劃時代的意義。」然後分別從《葩經小記》中的女性視角和女性意識兩個方面進行了詳細論證，最後舉例分析了王照圓女性意識覺醒的三點原因：明清時期女性文化水平普遍提高、父權的淡薄和母親的精心培養、夫權的淡薄和較爲平等的夫妻生活。這篇文章第一次將王照圓《葩經小記》作爲研究對象，並將相關內容進行了系統整理，爲我們進一步研究王照圓的《詩經》學思想提供了便利。

李兆祿《清前中期〈詩經〉文學詮釋史論》〔註 42〕第四章第一節中以「郝懿行《詩經》文學詮釋」爲例，探討「漢學家《詩經》詮釋的突圍」。文章詳細考證了《詩說》、《詩問》的著作權問題，又以王照圓對《豳風・東山》、《檜風・素冠》、《鄘風・君子偕老》等篇的評說爲例，對王照圓《詩經》學中文學詮釋方面的特點和成就給予了客觀的評價。

高婷婷《嘉慶時期〈詩經〉文獻研究》〔註 43〕第二章對「郝氏夫婦的《詩經》新解」進行了充分的探析。首先介紹了郝懿行與王照圓的身世，其次介紹《詩問》的成書過程和著述體例。作者認爲《詩問》一書「完全隨性而發、隨意而解」，「從最簡單的目的出發的闡釋，反而更能保存詩歌的原義和原味」。再次介紹了《詩問》的闡釋特點，尤其強調「風格細膩，加入女性元素」，行文中多舉例進行佐證。第四、五部份介紹了《詩問》一書的版本情況和文獻評價。作者在最後總結道：「《詩問》一書採用新的寫作方法，表達新鮮的創見，對於漢學派、宋學派的思想加以考證、糾謬，辨別是非異同，同時又有女性創作者的加入，使得全書顯得文采斐然，與眾不同。」這篇論文將郝、王共同創作的《詩問》放置於清代《詩經》學研究的背景之下，爲我們研究

〔註 41〕浙江大學中文系編：《浙江大學中文系本科生優秀畢業論文選》，杭州：浙江大學出版社，2012 年版，第 114～125 頁。

〔註 42〕李兆祿：《清前中期〈詩經〉文學詮釋史論》，山東師範大學博士學位論文，2009 年。

〔註 43〕高婷婷：《嘉慶時期〈詩經〉文獻研究》，瀋陽師範大學碩士學位論文，2013 年。

王照圓的《詩經》學思想提供了學術背景，其中對於《詩問》的闡釋特點和女性元素的論述，也為後學者研究王照圓經學思想提供了新的思路。但因論文重點不在於王照圓《詩經》學思想研究，沒有深入展開，後學者要全面瞭解王照圓的《詩經》學思想，還需要對《詩問》一書進行細緻解讀。

王承略、劉寧《清代山東〈詩經〉研究的成就與特色》〔註 44〕一文在清代詩經學背景之下對《詩問》、《詩說》進行了解讀。作者認為「《詩問》釋詩，不盡宗小序，也不盡廢小序，又往往採牟庭、陳見龔等人之益說，體現出兼容而又獨立的治學態度，因為書中注解多有可喜之言」，「郝氏夫婦重視訓詁、文字等小學手段，又注意與人情實事相結合，因而多能有所發明，令人耳目一新」，又「尤其注重從細節入手，仔細推敲」，讚美了郝氏夫婦二人的治學精神，並對《詩問》一書給予了高度評價。至於《詩說》一書，作者尤其讚美書中所載王照圓的點評之精妙，「眞可謂獨具慧眼」，「往往一語中的，發人深省」，並舉《桃夭》、《君子偕老》等篇中的評語加以說明。這篇文章為我們研究王照圓《詩經》學成就提供了時代與地域的雙重背景，具有十分重要的參考價值。

劉玉偉《王照圓詩經學研究》〔註 45〕是一篇系統研究王照圓《詩經》學成就的學術論文。文章共分為五部份。第一部份概述王照圓《詩經》學研究的相關背景、研究現狀和發展趨勢；第二部份簡單敘述了王照圓的生平經歷及其《詩經》學著述；第三部份將王照圓《詩經》學內容分為「申說義理」和「訓詁字詞」兩類，並分別舉例，總結其特點；第四部份總結王照圓《詩經》學的歷史地位和貢獻；第五部份為全文的總結。作者還在附錄中就 2010 年齊魯書社出版的《郝懿行集》中的《詩問》、《詩說》二書中的疏漏進行了補正。全文內容詳備，對於王照圓《詩經》注釋的特點、成就與不足都做了細緻的分析，並強調其女性視角的獨特性，為我們進一步研究王照圓的經學思想提供了思路，具有十分重要的借鑒價值。

劉偉《王照圓的〈詩經〉闡釋特點分析》〔註 46〕也是一篇重點分析王照圓的《詩經》學成就的學術論文。文章分別從「獨特的女性視角」、「對禮法

---

〔註 44〕王承略、劉寧：《清代山東〈詩經〉研究的成就與特色》，《濱州學院學報》，2013 年第 2 期。

〔註 45〕劉玉偉：《王照圓詩經學研究》，聊城大學碩士學位論文，2014 年。

〔註 46〕劉偉：《王照圓的〈詩經〉闡釋特點分析》，《時代文學》（下半月），2014 年第 7 期。

的特別強調」、「不囿於前人舊說的質疑精神」、「訓詁時有新意」四個方面對王照圓的《詩經》闡釋特點進行了全面的分析。作者以爲王照圓的《詩經》闡釋「以其鮮明的女性視角和對封建禮法的特別強調，顯示出了獨有的特色；在以漢學爲宗的時代裏，她不囿於漢儒舊說並加以辨析，對文辭的訓詁也能該洽詩意，顯示出了一定的訓詁水平」，對王照圓的《詩經》闡釋給予了極高的評價。

戴維《詩經研究史》對《詩說》的學術意義作了品論，一方面認爲郝懿行能在清中期樸學興盛的時勢下注重文學解詩的意識和行動是難能可貴的，另一方面肯定了王照圓以女性身份說詩論詩的女性視角。

程俊英《詩經研究史鳥瞰》一文中論及清代《詩經》研究時，把《詩說》和王夫之《薑齋詩話》、沈德潛《說詩晬語》比肩。他認爲《詩說》是王照圓所作，並稱讚王照圓是「我國唯一的婦女《詩經》評論家」，認爲她能「體會詩人心情，顯得細緻入微」。

龍婷《郝懿行、王照圓〈詩說〉〈詩問〉研究》〔註47〕是一篇系統研究《詩說》、《詩問》二書的學術論文。全文共分四章：第一章介紹郝懿行、王照圓二書的基本情況，並在第三節中就二書的作者之爭進行了較爲詳細的論述；第二章具體論說二書的釋《詩》、解《詩》的特點；第三章論述二書對《詩經》的文學解讀；第四章總述郝王二人的治《詩》思想。對於我們系統瞭解王照圓《詩經》學研究的背景提供了材料。

李亞楠《郝懿行、王照圓〈詩說〉、〈詩問〉研究》〔註48〕也是一篇系統研究郝王二人《詩經》學思想的學術論文。論文主體分爲五章：第一章簡述郝氏夫婦的生平及《詩說》、《詩問》的版本情況；第二章論述了《詩說》、《詩問》的撰寫特點與體例；第三章論述《詩說》、《詩問》採錄文獻與內容，分爲明引文獻和暗引文獻兩部份；第四章將《詩說》、《詩問》二書與郝懿行《爾雅義疏》從釋義方面進行了對比研究，得出「《爾雅義疏》對《詩說》、《詩問》既有繼承延續，又有補充修正」的結論；第六章從禮學思想、君子思想兩方面論述了《詩說》、《詩問》的思想價值，是全文的精華之處。

---

〔註47〕龍婷：《郝懿行、王照圓〈詩說〉〈詩問〉研究》，北京外國語大學碩士學位論文，2015年。

〔註48〕李亞楠：《郝懿行、王照圓〈詩說〉、〈詩問〉研究》，山西師範大學碩士學位論文，2016年。

袁勁、丁雅誦《乾嘉棲霞〈詩經〉學者群述略》〔註 49〕探討了地域性對乾嘉時期山東棲霞地區郝懿行、王照圓、牟應震與牟庭四位學者《詩經》研究思想的影響。作者強調「詩可以群」，認爲「地域與文化」的潛在影響、「家族與姻婭的文化積累」和「乾嘉棲霞《詩》『交流圈』內的碰撞與融合」均會對學者的研究思想產生重要影響。這種地域性的研究，對我們研究王照圓經學思想的形成背景提供了更廣闊的思路。

此外，還有建立在《詩經》單篇、單句訓詁研究基礎之上的王照圓《詩經》學研究，如顏煉軍的《「風雨飄搖」——〈詩經・鄭風・風雨〉一詩的現代闡釋》〔註 50〕，劉延玲的《〈詩經〉訓詁的歧解與闡釋——以〈詩經・豳風・七月〉之「蠶月條桑」、「猗彼女桑」爲例》〔註 51〕等等，對於我們研究王照圓的《詩經》學思想有一定的借鑒價值。

以上是新中國以來學界關於王照圓較爲系統、全面的研究成果，對於我們進一步研究王照圓的生平和學術思想有重要的參考價值。除此之外，還有許多學者在其著作中也對王照圓作了簡單介紹，內容比較簡略且多有雷同，茲依出版先後順序列舉如下：

李伯齊的《齊魯聞人》（1990），山東省煙臺市福山區史志編纂委員會編纂的《福山區志》（1990），張明葉的《中國古代婦女文學簡史》（1993），李潤英的《千姿百態盡風流・中國歷代女傑百人傳》（1993），沈立東的《中國歷代女作家傳》（1995），齊文穎的《中華婦女文獻縱覽》（1995），寇崇玲主編的《中華歷代女名人傳記選譯》（1996），王延梯的《中國古代女作家集》（1999），張舜徽的《清人文集別錄》（2004），胡文楷的《歷代婦女著作考》（2008），張慶芝的《中國歷代女名人錄》（2009），王志民的《山東重要歷史人物・第 3 卷》（2009）等等。

迄今爲止，有關王照圓的相關研究可歸納爲以下幾個特點：第一，研究成果數量較少，階段性研究成果前後繼承性較大，創新性和發展性不強，但已經日益呈現出脫離郝懿行而關注王照圓自身學術成就的趨向；第二，研究

〔註 49〕袁勁、丁雅誦：《乾嘉棲霞〈詩經〉學者群述略》，《中國海洋大學學報（社會科學版）》，2016 年第 6 期。

〔註 50〕顏煉軍：《「風雨飄搖」——〈詩經・鄭風・風雨〉一詩的現代闡釋》，《南京理工大學學報（社會科學版）》，2011 年第 2 期。

〔註 51〕劉延玲：《〈詩經〉訓詁的歧解與闡釋——以〈詩經・豳風・七月〉之「蠶月條桑」、「猗彼女桑」爲例》，《中國文化研究》，2011 年春之卷。

內容側重於對王照圓身世和學術經歷的介紹，較少涉及王照圓的思想成就，即使有對王照圓學術著作的專門研究，也未能很好地挖掘出隱藏在文字背後更深層次的思想意味；第三，對於王照圓學術思想的研究多集中在《詩經》學領域，其他方面的研究尚且不足；第四，研究方法以文獻研究法爲主，引入了如比較研究、分類研究等研究方法以及地理學的角度，已是很大的突破；第五，學界對王照圓的研究已經日漸呈現出從女性角度出發關注女性關懷的趨勢，對於今後學者進行女性文學的個案研究提供了思路；第六，學界對王照圓的關注度開始提高，已經開始作爲碩士、博士論文的選題方向。

王照圓雖未像李清照、顧太清等人一樣因爲詩詞成就而名留千古，但其在經學和文學兩方面尤其是經學成就，值得我們重視。縱觀學界此前對女性作家的專門性研究，落腳點多是詩詞、戲曲，而對於女性作家學術成就的關注度較小。筆者認爲，對王照圓這類在文學、經學均有有一定造詣的女學者進行全面系統的研究，分析其治學思想，研究思想和學術成就，具有重要的意義和學術價值。結合前人的論述，筆者擬本著知人論世的原則，從宗族源流、生平思想、學術著述等方面對王照圓進行全方位的研究。尤其對其各類著述進行細緻分析，重點研究她的學術思想。研究方法上，在文獻研究的基礎上，應將王照圓研究提升到社會學、文化學的高度，並大量採用比較研究的方法，以期能夠全面瞭解王照圓學術思想產生的時代性和地域性因素。總之，筆者認爲只有將王照圓作爲研究主體置於清代學術背景之下，對其身世和學術思想進行全方位的深入挖掘，才能爲王照圓研究的進一步展開提供宏觀和微觀的視野，也爲今後學者進一步研究女性文化提供借鑒。

# 第一章　王照圓生平與著述

## 第一節　王照圓宗族世系

王照圓的家鄉坐落在山東半島東北部一處聞名遐邇的歷史文化古鎮，名曰古現。古現北連大海，西靠磁山，東依牟國故城，南傍鳳凰山，可謂美麗富饒，人傑地靈之所。

據《福山地名志》記載：

> 北宋時期曾散居著以姓氏命名的小村莊，東有華家莊，東南有倪家莊，南有高家莊，西南有羅家莊，中有王家莊，後諸村合併，統稱古莊。明洪武年間，因合併之村位於黃金河（古現河）北岸，各姓共議，更名河北村。

河北村與古現村相鄰。福山王氏家族始祖王忠於明洪武年間移居河北村，傳八世至王道增，因躲避自然災害舉家遷居古現村，歷 600 餘年，凡 20 餘世，猶如參天大樹，枝繁葉茂，繁衍生息。「天眷其後，世澤蟬聯」，王氏家族是山東有名的科舉世家，自明代三世祖王俊語明景泰三年（1452）中貢生，至清代可謂鼎盛。乾隆帝曾贊許王氏「一門多顯官，皆能辦事，可謂世臣」〔註1〕。有學者統計王氏家族共出現了督撫 5 人，翰林 6 人，進士 27 人，舉人 63 人，貢生 58 人，庠生 357 人。〔註2〕其中包括王騭、王檢和王兆琛三位封疆

〔註 1〕〔民國〕許鍾璐等修，于宗潼等纂：《山東省福山縣志稿》卷七，臺北：成文出版社，1968 年版，第 1138 頁。（以下所引版本俱同）

〔註 2〕參見煙臺地情資料系列叢書編委會主編：《王懿榮世家人物傳記》，煙臺：煙臺市地方史志辦公室出版，2005 年，第 3 頁。（以下所引版本俱同）

大使。王氏不僅僅是官宦世家，還是文化世家，歷史上還誕生了經學家王兆琛、金石學家王祖源和甲骨文之父王懿榮等著名人物，可謂名副其實的名門望族。先就幾位重要人物簡單介紹如下：

## 一、始祖王忠

據《王氏家譜》（康熙三十年修纂）記載：

> 王忠，雲南大理府雲南縣雲南鎮人。舊傳爲「小雲南」雞頭村王家。任邑之登寧場鹽大使，卜居古現集之河北村。舊有王姓數家，與之同處，遂隸孫夼社一甲。娶邱氏，子一雲，卒葬西北原之陽，距村僅數里。冢久滅沒，惟古柞巍然獨立。旁有祭石，春秋拜掃。時闔宗均列祭品，讓屬尊者主爵羅拜其下。前此樹中空而裂，塞以磚石，閱五十年生皮包裹完滿。本蒼勁而枝葉茂盛。三傳而明經入仕版遊庠者，代不乏七八。傳相繼登甲榜膺顯要，至今不衰。四大支續日繁多，至村不能容。蓋祖之垂裕遠矣。〔註3〕

王忠於明代洪武年間任山東省登寧鹽場鹽課大使，忠於職守，爲朝廷管理鹽務。他喜當地風土，辭官後居住於福山古現鎮河北村，王氏從此就隸福山縣籍。據十世祖王澣《王氏家族序》載：「吾始祖以滇南遠人卜居，斯同姓之里，當是時彼眾我寡，彼土著，而臥僑居。久而安焉。其措置必有過人之處。」〔註4〕王忠百年之後葬於磁山下西北原，朝廷敕授他爲承事郎，從正七品。

## 二、八世王道增

王道增，字仰池，出生於明萬曆五年（1577）。《王氏家譜》載其：

> 性誠直倣當，多大，事親孝。父自汶邑告歸，久病床褥醫藥棺衾之需，毅然身任。至盡質分產以償，絕不與兄弟較。大事既竣，赤貧無聊，遷居河南之古現集，賒奇山所破，舡網初正，得魚獲厚利，不經見之。事若天相然，仍外營生計，內課誦讀。數年間，諸子前後，遊庠食餼，而家業亦漸饒裕。〔註5〕

---

〔註3〕轉引自《王懿榮世家人物傳記》，第39頁。
〔註4〕轉引自《王懿榮世家人物傳記》，第40頁。
〔註5〕轉引自《王懿榮世家人物傳記》，第44頁。

王道增幼年家貧，無以讀書，很早便擔負起養家糊口之重任。不僅如此，他還爲家鄉的建設作出了巨大貢獻。明末，王道增曾組織族人打通了運送軍需的海上之路。崇禎五年（1632），王道增與同郡有志之士共同擊退了叛將李九成的部隊，使福山百姓免受生靈塗炭之禍。崇禎十四年（1614），面對自然災害的侵襲，王道增深謀遠慮，舉家遷往古現村，還捐出家裏全部存糧設粥棚賑濟受災百姓。知縣特書「燕山堂」的匾額作爲表彰，並題詩云：「國課虧矣，賴爾輸定；民生鮮矣，賴爾安全。爵爾所羞，名爾所浼，天道福善，報爾燕山。」〔註6〕

王道增一生「內無匿情，外無諱事，見義必爲，喜施不厭」〔註7〕，於清順治十六年（1659）病逝於家中，葬於牟城社豹臥夼南麓。康熙十八年（1679），同鄉鄰里聯名推舉王道增入「鄉賢祠」，並爲之撰寫祠聯曰：「讀丘明之書，能知大義；抗仲連之志，不屑微名。擬諸經明行修之條，固足範今而垂後；比乎悍災禦患之列，抑當報德而酬功。」〔註8〕可見鄉民對王道增的尊崇。王道增以子王騭貴，朝廷賜贈光祿大夫、戶部尚書。

## 三、九世王騭

王騭，字人嶽，號相居，又號幾庵。關於王騭的得名由來，頗具神話色彩。據《福山縣志》載：「母懷胎十月，一日，夢見一少耳朵馬闖入懷中，夢醒，產下一男嬰，取名『騭』。」〔註9〕《福山縣志稿》載其「生而八歲能言，十月能行」〔註10〕。王騭善爲古文，明於公牘，爲一時之詞冠。有《養素堂文集》、《大司農奏疏》和《義圃傳家集》等著作傳世。

王騭自幼好讀書，聰明過人，十六歲應童子試第一名。順治十一年（1654）應順天鄉試，中舉人。十二年（1655）連捷全國會試，殿試考取二甲，賜進士出身，授戶部主事，從六品。康熙八年（1669）升郎中，後改授四川松威

〔註6〕轉引自《王懿榮世家人物傳記》，第45頁。

〔註7〕〔清〕《（乾隆）福山縣志》卷九，《中國地方志集成·山東府縣志輯》第五十一冊，第538頁。

〔註8〕轉引自《王懿榮世家人物傳記》，第46頁。

〔註9〕〔清〕《（乾隆）福山縣志》卷九，《中國地方志集成·山東府縣志輯》第五十一冊，第538頁。

〔註10〕〔民國〕許鍾璐等修，于宗潼等纂：《山東省福山縣志稿》卷七，第1075頁。

道員，正四品。王騭爲官勤政愛民，致力於改革時弊，興修水利，修繕學宮，培養人才，使當地百姓安居樂業。康熙二十四年（1685），王騭四川任滿，恰逢朝廷要修建紫金城內太和殿，令四川採運大楠木。王騭體察四川民生，冒死上奏《請停止解運楠木疏》，言辭懇切，朝臣無不爲之動容，康熙帝遂罷此事。四川民眾爲表感激，繪王騭肖像，供奉於「七公祠」內。王騭爲官清廉，深受百姓愛戴。康熙帝南巡杭州時親賜「養素」匾額加以褒獎。王騭於康熙三十三年（1694）致仕返鄉，於次年病逝。

## 四、十一世王柔

王柔，字東牟，生於康熙二十八年（1689）。《福山縣志稿》載其「修驅闊步，聲音如洪鐘。自幼膽略過人，有干濟之才」〔註 11〕。

王柔少從同邑進士劉元聲學經史，因深得其旨而享有文譽。後經考試補縣學員生，後入國子監揀選。康熙五十三年（1714），選授湖南乾州同知。任職期間，王柔與當地少數民族民眾相處融洽，並帶領他們開墾荒地，受到當地百姓的擁護。雍正十一年（1733），王柔任湖北按察使，秉公處理積壓案件，爲冤屈百姓平冤昭雪，時人稱「白麵包公」。乾隆帝十分賞識王柔，曾於十八年、二十五年兩次南巡之時恩賜王柔迎駕。

王柔於乾隆十五年（1750）以積疾告退，返居故里，卒於乾隆三十年（1765），享年七十六歲，誥授通議大夫。退居鄉里期間，閉門謝客，專注於教育子孫，並著書立說，有《東牟奏疏》十餘卷傳世。

## 五、十一世王檢

王檢，字思及，號若齋，又號西園。《福山縣志稿》贊其「生有異資，穎悟絕倫。性至孝，嗜學，經傳洽熟」〔註 12〕。

王檢自幼好讀書，有過目不忘之能，頗爲父母所鍾愛。他於雍正七年（1729）應順天府鄉試中舉人，十一年（1733）會試中式，殿試中二甲，賜進士出身，選庶吉士，授編修。乾隆二年（1737）休致歸家，乾隆十三年（1748）復職國史館纂修官，次年，授河間知府。在職期間，王檢重修「瀛洲書院」，

〔註 11〕〔民國〕許鍾璐等修，于宗潼等纂：《山東省福山縣志稿》卷七，第 1115 頁。
〔註 12〕〔民國〕許鍾璐等修，于宗潼等纂：《山東省福山縣志稿》卷七，第 1129 頁。

普查民情，清理積案。乾隆十六年（1751）升爲甘肅涼莊道臺員。十八年（1753）調任通永河道總督，興修水利，乾隆帝贊其「才優守潔」。乾隆二十四年（1759）調任長蘆鹽運使司任堤舉。乾隆三十年（1765），王檢升湖廣總督，旋調任廣東巡撫。他嚴厲抵制奢侈之風，又限制祭田，百姓贊爲「青天父母」。王檢於乾隆三十二年（1767）病逝，享年60歲，葬於福山迷雞山。

## 六、十四世王兆琛

王兆琛，字叔玉，號西舶，原名兆璽，生於乾隆五十二年（1787），與王照圓同輩。他一生博通經史，學問超群，著述繁富。有《經義測海》、《重韻辨義》《巡撫奏義》和《正俗備用字解》等著作傳世。

王兆琛自幼便顯出超群才能。二十歲中丁卯科鄉試經魁，嘉慶二十二年（1817）中進士，入翰林院，欽點庶吉士，授翰林院編修、國史館纂修總纂官。道光七年（1827）任江南道監察御史。後歷任四川成都、重慶府任知府，道光二十三年（1843）擢升四川布政使。道光二十六年（1846）任山西巡撫，道光二十九年（1849），王兆琛在山西預備進行大刀闊斧的改革時受人彈劾，以貪污之罪被革職，派遣新疆。咸豐二年（1852），王兆琛病逝於新疆，朝廷賜其正一品建威將軍。

## 七、十五世王祖源

王祖源，字蓮堂，一字淵慈，號蓮塘，原名王伯濂，生於道光二年（1822）。王照圓爲其從姑。王祖源自幼聰慧過人，親歷由父親王兆琛「貪污」案引發的一系列家族變故，行事十分老成謹慎。道光二十九年（1849），王祖源考取己酉科拔貢，至咸豐六年（1856）授官兵部主事，兼任武庫司司務廳坐辦。次年，英法聯合侵華，王祖源主動請纓，組織山東民團抵抗英法聯軍。咸豐十年（1860），王祖源於同年升兵部員外郎。同治十一年（1872），外任四川龍安府知府，努力維護地方治安，爲百姓謀取福利，深得百姓愛戴。光緒五年（1879）升成都知府，他體察民情，公正不阿。光緒九年（1883），升任四川按察使。王祖源一生爲民請命，爲政清廉，持正節儉，安貧樂道，終於積勞成疾，於光緒十二年（1886）病逝於北京，享年六十五歲，葬於福山古現村，朝廷封其二品資政大夫。

王祖源不僅是一位勤政愛民的官員，還是一位傳統文化的擁護者。他自幼好讀書，年長後嗜好刻書、藏書，還熱衷於收集古玩字畫。他一生著述繁富，有《談龍錄》、《內功圖說》、《漁洋山人秋柳詩箋》、《爾雅直音》、《判花軒集》、《律詩定體》、《讀譜》等著作傳世。他還曾編纂匯刻《天壤閣叢書》，但直到他病逝仍未能完成，後由其子王懿榮替父完成夙願。王祖源在金石學方面的成就對王懿榮影響很大。

## 八、十六世王懿榮

王懿榮，字正孺，又字廉生，晚號養潛居士，原名王貽榘，生於道光二十五年（1845）。王照圓爲其從祖姑。王懿榮自幼接受正規家教，後因祖父王兆琛被誣劾「貪污」一事，從此家道中落。他親歷這場巨大的家庭變故，深切體會世態炎涼和人情冷暖。咸豐九年（1859）王懿榮隨母進京，拜周孟伯爲師，蒙其親授經世致用之學。英法聯軍侵華期間，王懿榮跟隨父親王祖源一同組織團練。

《福山縣志稿》載王懿榮「幼承家學，不屑於章句、貼括」〔註13〕。《清史稿》載其「少劬學，不屑治經生藝」〔註14〕。同治元年（1862），王懿榮迫於家庭壓力，參加鄉試，但不幸落第。此後王懿榮六次參加鄉試，均名落孫山。光緒五年（1879），王懿榮第八次參加順天鄉試，中舉人。次年參加會試、廷試，最終以二甲十七名獲賜進士出身。後又考中庶吉士，授官翰林院編修。王懿榮通過30年的努力，終於走上仕途，一直恪盡職守，曾兩次任國子監祭酒。甲午戰爭期間，王懿榮面對主和的慈禧太后，敢於直諫，滿朝爲之色變。後戰火蔓延到自己的家鄉，王懿榮心急如焚，請命回鄉興辦團練，以禦敵寇，以實際行動表達了愛國之心。後八國聯軍侵華，王懿榮所率部隊拼死抵抗仍不敵。「主憂臣辱，主辱臣死」，王懿榮心灰意冷，於光緒二十六年（1900）率妻子、兒媳投井自盡，以身殉國。次年，靈歸故里。

王懿榮不僅是一位爲政清廉、憂國憂民的官員，深受父親王祖源的影響，他還是一名傳統文化的忠實擁護者。他十分熱衷於收集金石文物，並細心鑽研甲骨文，對中國文化的開掘以及世界文明的研究都做出了重大貢獻。

---

〔註13〕〔民國〕許鍾璐等修，于宗潼等纂：《山東省福山縣志稿》卷七，第1174頁。

〔註14〕〔民國〕趙爾巽等：《清史稿》卷四六一，北京：中華書局，1977年版，第12778頁。（以下所引版本俱同）

除了以上幾位有影響力的男性族人，王氏家族中還出現了幾位不墮家聲的女性族人，其中比較有代表性的除了王照圓以外，還有王懿榮的胞妹王懿嫻。王懿嫻，字文娟，生於咸豐七年（1857），自幼聰慧過人，琴棋書畫無所不精。她於光緒元年（1875）八月與張之洞結爲伉儷，婚後感情融洽，常秉燭長談，吟詩作對，可謂琴瑟和鳴。光緒五年（1879）因病去世，年僅二十三歲。

福山王氏族人除了在仕宦和學術方面的成就以外，在藝術領域也頗有造詣。王氏家族在歷史上誕生過許多書畫名人。在書法方面，如王騭、王檢、王啓緒、王燕緒、王兆琛、王麟瑞、王懿榮等。在繪畫方面，如王庸、王連甲、王學庸、王莊年、王景喬等，還有一名女性書法家王輔芝，尤善水墨石蘭，章法細膩，風韻流動。

福山王氏家族不僅是名副其實的宦官世家，還是聞名遠揚的文化世家。王氏族人在政治領域和文化領域的卓越成就，對後人影響深遠。傳至王照圓，已歷十四世。王照圓雖爲女流，但骨子裏有不亞於男子的豪氣，蓋與其家族精神的影響有莫大關係。此外王照圓幼秉家學，博聞強識，通經涉史，亦善工筆山水，這些都是深受家族文化薰陶的結果。總之，福山王氏家族枝繁葉茂，文化代代相承，至清代乾嘉年間，成就了王照圓這樣一位著名的女學者。

## 第二節　王照圓生平與交遊

### 一、王照圓生平

王照圓（1763～1851），初名瑞玉，字照圓〔註15〕，山東煙臺福山人，清代中後期著名的女文學家、訓詁學家和經學家。據光緒《棲霞縣續志》載：

> 郝王氏，郝懿行妻，福山人，名照圓，字婉佺，生而慧穎。幼孤，母林氏教之讀，十歲通《孝經》、《內則》，十二通《毛詩》。長，淵博，擅著述才。笄年歸郝。郝，積學士也。筆墨切磋，於夫學多所贊助。有《列女傳補注》、《列仙傳》、《夢書》以梓。〔註16〕

〔註15〕《和鳴集》《飛鴻鄉遠音》一詩郝懿行注曰：「瑞玉常夜夢，呼者曰照圓，名大吉，後因以字爲名，名曰照圓，字瑞玉，一號婉佺。」

〔註16〕〔清〕《（光緒）棲霞縣續志》卷七，《中國地方志集成·山東府縣志輯》第五十一冊，第183頁。

王照圓幼讀《詩經》，十五歲始讀經史，二十歲即作《葩經小記》。《和鳴集》載照圓十歲還未讀書之時，秋夜新霽，與諸女伴戲於月下，即興作《秋夜》一首，足見其少時即賦才情。〔註 17〕王照圓一生博通經史，長於訓詁，著述繁富，在學術史上了留下了美名，有《列女傳補注》、《列仙傳校正》、《曬書堂閨中文存》等著作傳世，臧庸贊其「當代女師，一人而已」〔註 18〕。她還擅長筆墨丹青，「書法遒勁，唐人歐、褚遺範」〔註 19〕，繪畫尤喜蘭草，常以此自娛，落款常題「瑞玉女史王照圓字」，以知識女性自居〔註 20〕。王照圓德藝雙馨，實不負「福山李清照」之美譽。

正如劉玉偉在《王照圓詩經學研究》中所說：「由於王照圓傳統女性與知識分子的雙重身份，父家與夫家的環境對其本人思想觀念、知識系統的形成都起著至關重要的作用。」以下，筆者將從家庭教育和婚姻生活兩部份概述王照圓的生平經歷。

### （一）家庭教育

王照圓出身於名門望族，六歲時父親王錫瑋去世，照圓在母親林孺人的辛勤培育下長大。孺人，古時用作對大夫妻子的尊稱。〔註 21〕唐代用來尊稱王之妾，宋代用爲通直郎等官員的母親或妻子的封號，明清則爲七品官的母親或妻子的封號，但亦通用爲婦人的尊稱。照圓之父王錫瑋早逝，《王氏家譜》亦未記載其有過仕途經歷，可知王照圓母親的孺人稱呼，實爲尊稱。林孺人出身於棲霞望族，幼知詩書，居家頗有法度。郝懿行同邑好友牟庭曾爲其作《節母林孺人家傳》，云：

> 孺人姓林氏，棲霞人，適福山儒士王錫瑋。生女婉佺，名照圓，又生一男良五。王君明悟有德量，好學工文。年同輔嗣，一痛而終，師友流涕，傷懷痛惜，是時婉佺六歲。良五已前殤，孺人仰天哀號，

〔註 17〕詳見第五章「王照圓詩歌」。

〔註 18〕〔清〕臧庸：《拜經堂文集》卷二，《續修四庫全書》本，集部第 1491 冊，第 534 頁。

〔註 19〕〔清〕臧庸：《拜經堂文集》卷二，《續修四庫全書》本，集部第 1491 冊，第 534 頁。

〔註 20〕女史是古代人們對知識女性的尊稱。清袁枚《隨園詩話》卷二：「蔣苕生太史序玉亭女史之詩曰：『離象文明，而備位乎中；女子之有文章，蓋自天定之。』」

〔註 21〕《禮記・曲禮下》：「天子之妃曰后，諸侯曰夫人，大夫曰孺人，士曰婦人，庶人曰妻。」

顧念堂上無尊嫜，膝下無男邊，二百年稱未亡人，終何益？志不欲生，誓以身殉，絕粒比數矣，已復念夫子，存曰：「愛女昔於男，如我自得死所，而令弱女失母，泣立牆根，傷厥考心，是不可忍。」於是抑志強餐撫婉佺。依兄嫂居，事無專擅，得請乃行，財物不挍，隨與而受，家本富給，性行退讓，嘗言子孫歸先人遺莊，示能守也，不在多少，我母女孤單自給足矣。以此故，同居至析後，娣姒間無違言。長姒物故，遺一女仲姒，又遺兩女，皆無親母依傍，弔影悽惶，孤人愛養之，與婉佺等，諸女依依視孺人如所生。春秋佳日皆從孺人所居，道南宅，列席侍坐，對堂前海棠二樹，從容笑語，忘其失恃之怨。及孺人卒後，諸女望見海棠皆泣下。〔註22〕

林孺人生性慈惠，對黨中貧女，照顧周詳，如同己齣，又素善持家，儉而好禮，頗受鄉里尊敬。

王照圓自幼聰慧過人，林孺人對她寄予厚望。王照圓《讀孝節錄》自述：「母林夫人〔註23〕恩勤鞠育以致成人，十年教讀《孝經》、《內則》。二十授《毛詩》，略通大義。幼不喜讀，母令背諷，常至夜分。」〔註24〕可見林孺人對王照圓要求十分嚴格。清代山東經濟文化發達，交通便利，尚文的社會風氣濃厚，這些都大大增加了女性接受教育的機會。但受社會地位和角色意識的限制，女性接受教育的主要途徑是家庭教育。清代母教盛行一時，沈德潛以「五經紛綸，母教同師儒」（《錢香樹先生屬題〈夜紡授經圖〉，述母德，感君恩也，謹成四章》）讚美錢陳群之母陳書對錢氏的殷勤教育。〔註25〕袁枚《隨園詩話》

〔註22〕韓寓群主編：《山東文獻集成》第一輯第38冊，牟庭《雪泥書屋遺文》，第696頁。

〔註23〕按：清光緒十年東路廳署刻本《曬書堂閨中文存》中所載《讀孝節錄》原文載：「余六歲而孤，母林恩勤鞠育……」綜合王照圓《列女傳補注序》等文中多有「母林夫人」之語，筆者推斷《讀孝節錄》「母林」二字後脱「夫人」二字，現於行文中補之。下同。

〔註24〕韓寓群主編：《山東文獻集成》第二輯第48冊，王照圓《曬書堂閨中文存》，第643頁。

〔註25〕參見石旻：《清代母教文化意義初探》，《南京師範大學文學院學報》，2011年第1期，第80頁。注：陳書（1660～1736年），清代女畫家。字南樓，號上元弟子、南樓老人。秀水（今浙江嘉興）人。太學生陳堯勳長女。乾隆元年（1736年）恭遇覃恩封太淑人。她因官至刑部左侍郎的長子錢陳群的力薦，而成爲歷史上作品入藏宮廷最多的女畫家。陳書的創作題材廣泛，人物畫爲嚴謹精細的工筆重彩畫，山水和花鳥畫爲講求筆情墨韻的文人寫意畫。傳世作品《梅鵲圖》、《防陳道復水仙圖》、《南樓老人人物花鳥圖》。

中載王峻也曾作《題錢修亭〈夜紡授經圖〉》：「辛勤篝火夜燈明，繞膝書聲和紡聲。手執女工聽句讀，須知慈母是先生。」〔註 26〕以讚美錢母。正如石旻在《清代母教文化意義初探》一文中所言：「女性在教子的行爲中具有相當的主動性，她們承擔著維繫社會家庭的責任感與傳遞文化的使命感，同時也用言傳身教影響著後代以及社會風氣，並且贏得認同。而在文化教育上，女性也不應簡單地被視作傳統禮教下全然被動的接受者，對所接受的教育內容，她們也會有自己的理解與選擇，並且通過教育塑造下一代的人生。」〔註 27〕

清代母教盛行是有其深刻的時代背景的。女子可能在于歸前滿腹才情，一旦出嫁、生子，她們便從此過上了相夫教子的生活，其文學才藝也從此被壓抑。但她們若是擁有獨立教育兒女的權利，其文學激情便有可能得到釋放。熊秉眞指出「明清社會的書香門第，母親望子成龍的心情較父親更爲迫切，因爲在傳統的等級社會中，由於性別差異，母親無法依靠自己的力量獲得公眾的認可，她追求成功的心願，只能通過男性來實現，而兒子無疑是助其顯揚的最佳人選」。〔註 28〕筆者認爲這種觀點很有道理，但母親的希望絕不僅僅寄託在兒子身上，擁有才情的女子亦能擔此重任，並且女子特有的情思與母親更容易達到心靈的契合。王照圓之母林孺人便是如此，她出身於書香門第，自幼飽讀詩書，但是社會角色的特殊性和家庭的責任性，使這位滿腹才情的母親只能將希望寄託在子女身上。正如牟庭《節母林孺人家傳》所言：

> （林孺人）訓婉佺以禮，針指之暇，課令讀父書，授以《孝經》、《內則》、《毛詩》。尊師勤學，爲婉佺相攸得郝蘭皋延入甥館，爲致名師講習。已而蘭皋成進士，官户部，封婉佺安人。夫婦同學，久官益貧。然富於著述，其書滿家，海內稟仰，尊爲經師，此孺人平生時所願望者也。〔註 29〕

林孺人不僅親授王照圓知識，還爲其聘請老師，悉心栽培，足見她對照圓的期許之高。王照圓于歸郝懿行之後，林孺人還爲她夫妻二人聘請同族名士王

〔註 26〕〔清〕袁枚著，顧學頡校點：《隨園詩話》卷二，北京：人民文學出版社，1982 年版，第 51 頁。

〔註 27〕石旻：《清代母教文化意義初探》，《南京師範大學文學院學報》，2011 年第 1 期。

〔註 28〕雄秉眞：《好的開始：近世士人子弟的幼年教育》，《近世家族與政治比較歷史論文集》，「中央」研究院近代史研究所，1992 年版，第 207 頁。

〔註 29〕韓寓群主編：《山東文獻集成》第一輯第 38 冊，牟庭《雪泥書屋遺文》，第 696 頁。

古村爲師。這番恩勤鞠育，可謂「嚴師慈母兩非虛」（鮑之蕙《題四娣〈桐陰課子小影〉》）。

王照圓二十九歲那年，母親林孺人病逝。照圓於《讀孝節錄》中悲歎道：「終鮮兄弟，孤子一身，自恨爲女，縲繫於人，義又不得以身殉親也。」〔註 30〕悲痛之情流於筆下。郝懿行《詩說》載：「癸丑六月，余與瑞玉說詩，復及此篇（即《詩經・檜風・素冠》），瑞玉悽然不勝情，因而罷講，蓋是時外姑沒三年矣。」〔註 31〕也正是因爲時時心念母親對自己的教誨，王照圓決心將荒廢的《葩經小記》殘稿進行重新整理，以不負母親遺訓，並賦詩明志：「經年高閣《蓼莪》詩，齏臼傷心地下慈。問說三甥眞孝女，寧知女不及男兒？」〔註 32〕

林孺人生前對女婿郝懿行十分看重，不管是生活還是學業都照顧有加。林孺人去世後，郝懿行曾作《祭外姑》以示感激與悼念：

> 千秋感知遇，難孤國士恩。東床近五載，倏已睽音塵，
> 外姑遭閔凶，廿六失所天。孀母攜孤女，形影相依憐。
> 訓養兼恩誼，詩禮數晨昏。治家尚嚴肅，秉心惠且溫。
> 迄今三十年，傳誦徧六親。行本窮途子，落魄守蓬篳。
> 維時年既壯，孤鴻尚求匹。蒹葭託青雲，有惠賜之室。
> 恒督作文字，延師爲評隲。飲食兼教誨，殊難罄口筆。
> 何圖沈疾嬰，埃風遽上徵。吁嗟今已矣，葵誠何日傾。
> 況復遺孤女，顧影悲零丁。微風動繐帳，髣髴聞音聲。
> 痛因過時積，恩由感念生。碧海深無底，之罘高不極。
> 我無筆如椽，何以銘大德。〔註 33〕

文中郝懿行自言「本窮途子」，幸賴外姑時常督促，並爲其援師授學，才有日後的成就。言辭懇切，表達了對林孺人無限的感激和沉重的悼念。郝懿行之父郝梅蕣對林孺人也是十分敬重，其《梅叟閒評》卷二載：

〔註 30〕韓寓群主編：《山東文獻集成》第二輯第 48 冊，王照圓《曬書堂閨中文存》，第 643 頁。
〔註 31〕韓寓群主編：《山東文獻集成》第二輯第 46 冊，郝懿行《詩說》，第 766 頁。
〔註 32〕韓寓群主編：《山東文獻集成》第二輯第 48 冊，王照圓《曬書堂閨中文存》，第 643 頁。
〔註 33〕韓寓群主編：《山東文獻集成》第二輯第 47 冊，郝懿行《曬書堂詩鈔》，第 6 頁。

> 正月廿二日，余遣長子爲其外姑林氏禫祭，雪阻難行而意歉然，乃使路宿作兩日，行務謁其墓而奠焉。因謂之曰：「爾外姑遇爾厚踰常格，其令人不能忘者，尤在擇師一節。聯姻以來，即國士遇爾，諄諄然以讀書爲念，命爾錄窗藝，請其族兄古村先生批閱，問伊果可師爾乎。遂自備束脩，每月徵課藝往來郵寄而於所。批文每首細閱圈點，圈多則喜，復令其子讀評語以觀進步，勤勤懇懇，蓋四五年如茲矣。嗚呼，人之相遇財交者報以財，情交者厚以情，心交者感以心，願爾與爾外姑心感之也。」林氏母家爲吾邑望族，幼知書，居家有法度，孀居年不五十而終。〔註 34〕

郝梅葊自言郝王兩家「情交者厚以情，心交者感以心」，殷勤告誡其子勿忘林孺人的諄諄教誨和擇師之恩。郝懿行自注：「知遇之恩，勒之寸丹，讀此文復一憶之。」〔註 35〕

林孺人一生辛勞，培育子女不遺餘力，年不五十而終，她的教育觀念對王照圓的性格和人生道路的選擇都產生了深遠影響。王照圓在治學方面的不懈努力以及對才名的追求，很大程度上來源於母親的教誨。照圓曾立志：「平生要作校書女，不負烏衣巷里人。」〔註 36〕是對母親之殷切期望最真切的回應。

### （二）婚姻

王照圓於乾隆五十二年（1787）與郝懿行結爲伉儷，是年，王照圓二十五歲，郝懿行三十一歲。郝懿行（1757～1825），字恂九，號蘭皐，山東棲霞人，清代著名經學大師。郝氏曾一度顯赫，牟庭《戶部江南主事郝君墓誌銘》載其「自君祖父，累葉長厚，不疑人欺，家故豐富，由此而貧」〔註 37〕。郝懿行少嗜學，七歲入家塾，孜孜好學，日讀《孟子》數行。十六歲應童子生，二十二歲爲廩生時被學使趙鹿泉所賞識，獲「棲霞四傑」之一的美譽。三十

〔註 34〕韓寓群主編：《山東文獻集成》第二輯第 49 冊，郝培元《梅叟閒評》，第 104～105 頁。

〔註 35〕韓寓群主編：《山東文獻集成》第二輯第 49 冊，郝培元《梅叟閒評》，第 104～105 頁。

〔註 36〕韓寓群主編：《山東文獻集成》第二輯第 49 冊，郝懿行、王照圓《和鳴集》，第 72 頁。

〔註 37〕韓寓群主編：《山東文獻集成》第一輯第 38 冊，牟庭《雪泥書屋遺文》，第 700 頁。

二歲中舉人，四十三歲科進士，官戶部主事。郝懿行為官淡泊名利，《棲霞縣續志》載其「寡交儉出，雖仕猶隱，闃如也。性嗜學，備訓詁牙籤萬卷，終日鉛黃不離手」〔註38〕。他一生著述繁富，有《山海經箋疏》、《晉宋書故》、《補宋書刑法志》、《補宋書食貨志》、《宋瑣語》、《荀子補注》、《春秋說略》、《春秋比》、《記海錯》、《寶訓》、《和鳴集》、《詩問》、《易說》、《書說》、《證俗文》、《晉文鈔》、《古文考證》、《詩書拾遺》、《偷閒錄》、《說文廣詁》等著作傳世，在清代學術史上佔有十分重要的位置。

郝懿行與王照圓的結合是天賜良緣，二人志同道合，生活十分和美。《清史列傳》載郝懿行「謙退，訥若不出口」，「遇非素知音，相對竟日無一語」〔註39〕，然而他二人相處，卻絕非索然無趣，於平日生活中常以詩詞唱和，可謂琴瑟和鳴。《和鳴集》收錄二人新婚之時「挑燈閒話」所作《催莊》、《卻扇》二首、《關關雎鳩》等詩皆富情趣。〔註40〕王照圓天賦才氣，而郝懿行則「自慚愚鈍，僅完二首，遂叨佳釀，異日方足成之。視詩箋淋漓，尚帶酒氣。他日瑞玉乃屬和焉。」〔註41〕此後郝懿行曾在寄予妹婿趙桐陽的詩《花燭詞次韻趙桐陽》中自注：「僕既駑鈍，頗為閨中口實，故相激發，期雪斯言。」〔註42〕正如翟如潛所言「夫妻唱和不僅是表現了生活中的情趣，表達了各自的感情，而且還是激勵學業不斷精進的動力。」〔註43〕王照圓關心郝懿行的仕途，對他的才能充滿自信，常以詩詞相鼓勵。郝懿行嘉慶四年己未（1799）中進士之後，王照圓親赴京城照顧丈夫。然郝懿行浮沉郎署二十七年，書滿其室卻貧病交加，晚年境遇更如胡培翬《郝蘭皋先生墓表》中所述「四壁蕭然，庭院蓬蒿常滿，僮僕不具」〔註44〕。但王照圓一直陪在丈夫身邊，二人相濡

〔註38〕〔清〕《（光緒）棲霞縣續志》卷七，《中國地方志集成．山東府縣志輯》第五十一冊，第177頁。

〔註39〕〔民國〕趙爾巽等：《清史稿》卷四八二《列傳》卷二六九，第13245頁。

〔註40〕詳見本文第五章「王照圓詩歌」。

〔註41〕韓寓群主編：《山東文獻集成》第二輯第49冊，郝懿行、王照圓《和鳴集》，第69頁。

〔註42〕韓寓群主編：《山東文獻集成》第二輯第47冊，郝懿行《曬書堂詩鈔》，第46頁。

〔註43〕參見翟如潛：《郝懿行與王照圓》，《煙臺師範學院學報（哲學社會科學版）》，1994年第1期。

〔註44〕〔清〕胡培翬：《研六室文鈔》卷十，《續修四庫全書》本，集部第1507冊，第484頁。

以沫，同甘共苦。郝懿行很早便以「早知諳女誡，挽鹿謝殷勤」(《卻扇》）之句表達對王照圓願同自己共受貧困的感謝之情，這份感情至晚年更顯醇厚，令人敬畏。

郝懿行同時代好友臧庸在《列女傳補注序》中云：「時有父子著述，一家兩先生，王石渠觀察及令嗣曼卿學士也；有夫妻著述，一家兩先生，郝蘭皋戶部及德配王婉佺安人也。」〔註 45〕將郝懿行夫婦二人在學問上的成就與王念孫、王引之父子相提並論，他二人在當時的學術地位和影響力可見一斑。確如臧庸所說，郝懿行與王照圓二人亦師亦友，在治學道路上互幫互助，共同致力於學術研究，王照圓的很多著作都是在郝懿行的幫助下完成的。王照圓幼喜讀《詩經》，早年曾著《葩經小記》，後因母親過世而擱置。後在郝懿行「考訂篇章，日月浸尋，著述等身」的影響下，王照圓尋得舊稿，「強半脫落，兼之遺忘，聊以補葺成書」〔註 46〕。此外，王照圓《列女傳補注》和《列仙傳校正》的撰寫和刊印也得益於郝懿行的大力幫助。王照圓在校正《列仙傳》時，資料十分有限，郝懿行曾親赴京都白雲觀爲她抄錄道藏本。《列女傳補注》完成之後，郝懿行還委託同時代好友臧庸、馬瑞辰等人爲之校正並作序。與此同時，郝懿行的研究中也注入了王照圓的心血。《清史稿・列女傳》載：「照圓文辭高曠，得六朝人遺意，懿行有所述作，照圓每爲寫定題識。」〔註 47〕郝懿行從嘉慶十三年（1808）至道光二年（1822）一直忙於《爾雅》的注釋工作。在這期間，王照圓與丈夫一同參證異同得失。郝懿行也十分尊重妻子的質疑和意見，《爾雅義疏》內「間取照圓說」〔註 48〕的地方頗多。張澍《與郝蘭皋同年書》載：「既而見照圓嫂夫人，方以《爾雅》疑事詰難，弟雖勉強酬答，亦幾辭窮，則又慕嫂夫人之研經不倦也。」〔註 49〕此外，郝懿行《晉宋書故》、《宋瑣語》等史學著作的成書也得益於王照圓的幫助。王照圓《晉宋書故跋》載：

〔註 45〕〔清〕臧庸：《拜經堂文集》卷二，《續修四庫全書》本，集部第 1491 冊，第 534 頁。

〔註 46〕韓寓群主編：《山東文獻集成》第二輯第 48 冊，王照圓《曬書堂閨中文存》，第 643 頁。

〔註 47〕〔清〕趙爾巽等：《清史稿》卷五〇八《列傳》卷二九五，第 14052 頁。

〔註 48〕〔清〕趙爾巽等：《清史稿》卷四八二《列傳》卷二六九，第 13246 頁。

〔註 49〕〔清〕張澍：《養素堂文集》卷十四，蘭州古籍出版社編輯《中國西北文獻叢書》第 167 冊，蘭州：古籍出版社，1990 年版，第 166 頁。

癸酉之春迄乙亥之秋，夫子養疴廢業，遂罷《爾雅》之役。維時藥罏常滿，席幾凝塵，披卷停唫，含豪欲臥。余時時料檢，每以卻書靜攝爲箴，顧終不見從。久因病間瀏覽《晉》、《宋》等書，又苦善忘，爰付札記。余雅不讀史，閒亦命余鈔錄，用省記功也。〔註 50〕

可見王照圓在郝懿行的治學道路上扮演了十分重要的角色。李慈銘以爲此跋可謂千古佳話，堪與歷史上李清照爲丈夫趙明誠所作《金石錄》之序言相媲美。總之，王照圓與郝懿行在學術研究上互幫互助，亦師亦友，不負「棲霞郝夫婦」〔註 51〕之美譽。

王照圓與郝懿行共育有三男一女，然命運蹉跎，長子壽恩、次子寅虎、小女幼蘭分別殤於乾隆五十七年（1792）、嘉慶九年（1804）、道光四年（1824），唯有三子雲鵠（即郝聯薇之父）成年，並於嘉慶二十四年（1819）完婚，使得郝懿行的血脈得以延續。〔註 52〕兒女的相繼離開，讓郝氏夫婦倍受打擊，郝懿行作《幼子文虎哀辭》更是連聲疾呼：「嗚呼！壽兒竟不壽耶？」〔註 53〕「兒遺詩書，我不忍觀，藏之故篋，亦不忍殘。哀兒幼慧，奪我彭年。」〔註 54〕作爲母親的王照圓，其喪子之痛更是不可言說。晚年郝懿行貧病交加，但學術研究依然毫不懈怠，王照圓也伴其左右，悉心照料。郝懿行曾云：「自道治經之難，漏下四鼓四十年，常與老妻焚香對坐，參正異同得失，論不合輒反目不止。」其二人晚年治學處境之艱難可見一斑。郝懿行於道光五年乙酉（1825）卒於京邸，享年六十三歲。除了豐富的著述之外，別無長物。王照圓的處境可謂是「欲歸里，無資糧；無居業，羈居京邸，未知所依」〔註 55〕。

〔註 50〕韓寓群主編：《山東文獻集成》第二輯第 48 冊，王照圓《曬書堂閨中文存》，第 642 頁。

〔註 51〕〔清〕趙爾巽等：《清史稿》卷四八二，第 13246 頁。

〔註 52〕許維遹《郝蘭皋（懿行）夫婦年譜》據《曬書堂外集》卷上《戊辰答族外舅王金田太守書》中所云「兒子文翊，今甫八齡」一句推斷：「戊辰爲嘉慶十三年，距此正八年，是文翊與雲鵠爲一人，龍圖即壽恩，又據《幼子文虎哀辭》文虎即寅虎爲次子，雲鵠爲三子。」而《支譜》記載雲鵠爲郝懿行第二子，許維遹疑此爲誤記。

〔註 53〕韓寓群主編：《山東文獻集成》第二輯第 48 冊，郝懿行《曬書堂文集》，第 570 頁。

〔註 54〕韓寓群主編：《山東文獻集成》第二輯第 48 冊，郝懿行《曬書堂文集》，第 571 頁。

〔註 55〕轉引自翟如潛：《郝懿行與王照圓》，第 24 頁。

郝懿行同邑好友牟庭見此情形，心中無限感慨：「古曰：『金滿籯不如遺一經』，今日抱書編，不如一囊錢。平生但信古人言，哭死方知事不然。不可生無書，那可死無錢。嗚呼，古人一瞑百不見，長使今人淚如霰。」〔註 56〕是年五月，三子雲鵠將郝懿行的靈柩運回故里，葬於金鉤先塋地。王照圓歸里之後，專心整理丈夫的遺著，以期能夠彰顯於世。咸豐元年（1851）正月卒於家中，享年八十九歲。後其孫郝聯薇官至順天府東路廳同知，不遺餘力地將祖父母的遺著刊印成書，於是才有了我們今天所見到的《郝氏遺書》，郝懿行與王照圓的學術成果終得以流傳。此番艱辛道路，正如郝聯薇《自嘲》詩所云：「古人來者兩茫然，豈有偏私故變遷。只因祖庭多著述，忍聽心血一時湮？」〔註 57〕令人無限感慨。

## 二、王照圓交遊

牟庭《郝元第舉鄉賢狀》記載了郝懿行平日裏的交遊情況：「風雨蕭然，閉戶著書而已。從遊多士，已成玉筍之班。績學有年，不輟銀燈之課。」〔註 58〕據曹慧《清代山東學者交遊的歷史考察》統計，郝懿行一生交遊廣泛，有牟庭、趙祐、李承璉、王古村、阮元、王念孫、王引之、孫星衍、紀昀、趙晴虹、陳壽祺、臧庸、姚文田、張樹、胡承珙、洪頤煊、李璋煜、蓮堂、張夢泉、翁覃溪、張聰咸、胡培翬、朱蘭坡、馬瑞辰、陳奐、汪喜孫、宋翔鳳、畢亨等等。〔註 59〕而王照圓在學術道路上與郝懿行相伴相隨，自然也與當時的諸多學者有所交往。尤其自郝懿行中進士以後，王照圓也長期寓居京城，因郝懿行的關係，與同時代的著名學者阮元、臧庸、王念孫、馬瑞辰、胡承珙等人多有生活上的往來和學術上的交流。此外，王照圓與同時期的一些女性學者也有交往，或爲她們的著作撰寫敘跋，或激勵自我，或純屬欽慕。

〔註 56〕韓寓群主編：《山東文獻集成》第一輯第 38 冊，牟庭《雪泥書屋遺文》，第 700 頁。

〔註 57〕轉引自翟如濳：《郝懿行與王照圓》，第 24 頁。

〔註 58〕〔清〕《（光緒）棲霞縣續志》卷七，《中國地方志集成·山東府縣志輯》第五十一冊，第 220 頁。

〔註 59〕曹慧：《清代山東學者交遊的歷史考察》，山東師範大學碩士學位論文，2012 年。

### （一）恩師王古村

王古村（生卒年不詳），山東福山人，爲王照圓同族伯父。牟庭《節母林孺人家傳》載：「（林孺人）爲婉佺相攸得郝蘭皋延入甥館，爲致名師講習。」〔註60〕《梅叟閒評》卷二載郝梅莽告誡郝懿行：「爾外姑遇爾厚踰常格，其令人不能忘者，尤在擇師一節。聯姻以來，即國士遇爾，諄諄然以讀書爲念，命爾錄窗藝，請其族兄古村先生批閱，問伊果可師爾乎。遂自備束脩，每月徵課藝往來郵寄而於所。」〔註61〕可知王古村即林孺人爲郝王二人聘請的老師。

乾隆五十四（1789）年，郝懿行作《賀岳伯王先生孫詩》，注云：祖孫並己酉年生。許維遹案岳伯即王古村先生。嘉慶五年（1800）初秋，王古村來書，並賦詩。嘉慶七年（1802），郝懿行在家居母喪，撰《壺海生詩草序》。序中自言：「懿行少學詩文，茫未涉其藩籬，而於詩尤瞢如。雖嘗有作，不能工，又不肯竟學，以是落荒久矣。歲在丁未，以姻故獲謁古村先生於舊草堂，輒持文藝就正。先生不拒，細加斧削，屬望良殷行於是，遂師事焉。」〔註62〕可知《壺海生詩草》正是王古村之詩集。郝懿行在王古村的教導之下學業大進，三十歲時決課大考拔爲第一，爲齊魯之冠，以優貢生入太學學習。三十二歲參加濟南鄉試，考中舉人。嘉慶四年（1799）四十三歲得中進士。王照圓也得恩師教誨，學業日有長進。

### （二）阮元

阮元（1764～1849），字伯元，號芸臺、雷堂庵主，晚號怡性老人，謚文達，江蘇儀征人。阮元學識淵博，對經史、金石、輿地、校勘、天文、算學等領域均造詣頗深。乾隆五十四年（1789）進士，授翰林院庶吉士，次年授翰林院編修，爲乾隆、嘉慶、道光三朝重臣。阮元於乾隆末曾參與編纂《石渠寶笈》，校勘《石經》。嘉慶年間還先後在浙江建詁經精舍，在廣東建學海堂，聘請名儒，培養人才。主持撰成《經籍籑詁》一百零六卷、《十三經校勘

〔註60〕韓寓群主編：《山東文獻集成》第一輯第38冊，牟庭《雪泥書屋遺文》，第696頁。

〔註61〕韓寓群主編：《山東文獻集成》第二輯第49冊，郝培元《梅叟閒評》，第105頁。

〔註62〕韓寓群主編：《山東文獻集成》第二輯第48冊，郝懿行《曬書堂文集》，第471頁。

記》二百四十三卷，以及《積古齋鍾鼎彝器款識》、《山東金石志》、《兩浙金石志》等。又創編清史《儒林傳》、《文苑傳》及《疇人傳》，重修《浙江通志》、《廣東通志》。曾購進四庫未收古書一百數十部，每得一書，則仿《四庫全書總目提要》撰《提要》一篇。道光初年，阮元集清代前期諸家經說，匯爲《皇清經解》一百八十餘種，凡一千四百餘卷。一時知名學者著述，多賴以刊行。自著《揅經室集》六十四卷。〔註 63〕

郝懿行與阮元相識的具體時間無從詳定。嘉慶三年（1798），阮元返京，任戶部左侍郎，會試同考官。而據《郝蘭皋夫婦年譜》所載，郝懿行於嘉慶四年（1799）參加禮部會試中得進士。據此推斷，二人應在此年前後相識。此後郝懿行時常從阮元問學，郝氏作《山海經箋疏》，阮元爲之校勘並作序。《爾雅義疏》爲郝懿行畢生之心血，期間每作一篇「必與王石渠、阮芸臺、孫淵如、王伯申、馬伯元諸儒往來商榷」〔註 64〕，足見二人交往之密切。

王照圓通過郝懿行的關係得以結識阮元。據王培荀《鄉園憶舊錄》記載：「阮芸臺先生之母林太夫人，性耽墳典，繪有『石室藏書小照』，獨坐石上，芸臺先生執書侍立。婉佺題詩有云：『齋名積古從公定，室有藏書是母留。』芸臺先生『績古齋』後改名『積古』。」〔註 65〕阮元請王照圓爲他母子小照題詩，並尊王照圓詩中之意，將書齋名由「績古」改爲「積古」，可見他對王照圓的欣賞。

### （三）孫星衍

孫星衍（1753～1818），字淵和，號伯淵，陽湖（今江蘇武進）人。少年時以文學見長，袁枚稱之爲「天下奇才」。乾隆五十二年（1787）進士，授翰林院編修，充三通館校理。他學識淵博，於經史、文字、音訓、諸子百家等領域皆有涉獵。他勤於著述，以校勘精審見稱，家有藏書樓「平津館」，貯書極富，並編撰有《孫氏家藏書目》、《廉石居藏書記》、《平津館鑒藏書籍記》等。輯刊文獻甚多，嘉慶中刻有《岱南閣叢書》、《平津館叢書》等。自著《尚書今古文注疏》、《寰宇訪碑錄》、《考注春秋別典》、《爾雅廣雅訓詁韻編》、《晏子春秋音義》、《金石萃編》、《周易集解》、《建立伏博士始末》、《明堂考》、《倉

〔註 63〕張鑒、黃愛平點校：《阮元年譜》，北京：中華書局，1995 年版，第 3 頁。
〔註 64〕許維遹：《郝蘭皋（懿行）夫婦年譜》，第 21 頁。
〔註 65〕〔清〕王培荀著，蒲澤校點：《鄉園憶舊錄》，第 157 頁。

頡篇》、《續古文苑》、《史記天官書考證》、《平津館文稿》、《芳茂山人詩錄》等。

郝懿行常從孫星衍問業，如《山海經箋疏》、《爾雅義疏》等每有新意必致書請教。據郝懿行《與孫淵如觀察書》一文記載：「拙荊王琬佺前著《葩經小記》，未有定本，又校《列仙傳》二卷，輯《周宣夢書》一卷。近復欲注《列女傳》，將上繼曹大家之遺躅，亦未知能了此事不也。性頗疏散，不喜檢書，乃其有志，亦殊大善。如將來傳注竄就，並當寫本呈覽。」〔註 66〕可知王照圓《葩經小記》、《列仙傳》等書也曾經孫星衍校訂。

### （四）臧庸

臧庸（1767～1811），本名鏞堂，字在東，又字西成，號拜經，江蘇武進人，清代著名學者、文學家、考據學家。臧庸性孝友，沉默樸厚，學術精深，曾入浙江巡撫阮元幕府，相助阮元撰輯《經籍纂詁》、《十三經注疏校刊記》。長於校勘、釋義，著述甚富，有《拜經日記》八卷、《拜經堂文集》四卷、《孝經考異》一卷、《月令雜說》四卷、《說詩考異》、《樂記二十三篇注》一卷、《子夏易傳》等。

臧庸與郝懿行定交時間不詳，二人似在郝懿行任戶部主事之後，臧庸遊京師之時相識。嘉慶十五年（1810），臧庸再遊學於京師，寓居吳鼒庵通政家，嘗以《孝節錄》從郝懿行乞言於王照圓，王照圓亦作《讀孝節錄》回贈，並云：「今讀孝節先生（筆者注：即臧庸哲弟，亡於嘉慶十年）書，暨難兄西成先生（筆者注：即臧庸）所記，其語動人心。鴒原之痛，雖復木石，未免下淚者也。」〔註 67〕

嘉慶十六年（1811），臧庸應郝懿行之託爲王照圓校《列女傳補注》並作序。臧庸校正七條，並在《序》中對王照圓補注《列女傳》給予了高度評價，云：「時有父子著述一家兩先生者，王石渠觀察暨令嗣曼卿學士也。有夫婦著述一家兩先生者，郝蘭皋戶部暨德配王婉佺安人也。」〔註 68〕並稱王

〔註 66〕韓寓群主編：《山東文獻集成》第二輯第 48 冊，郝懿行《曬書堂文集》，第 456 頁。

〔註 67〕韓寓群主編：《山東文獻集成》第二輯第 48 冊，王照圓《曬書堂閨中文存》，第 643 頁。

〔註 68〕〔清〕臧庸：《拜經堂文集》卷二，《續修四庫全書》本，集部第 1491 冊，第 534 頁。

照圓「性情眞摯，文辭高曠，得六朝文法，書法亦遒勁，唐人歐褚遺範也。……詮釋名理，詞簡義洽，校正文字，精確不磨，貫串經傳，尤多心得，不覺肅然起敬。以爲當代女師，一人而已矣。」〔註 69〕高度讚揚了王照圓的學術成就。

## （五）馬瑞辰

馬瑞辰（1782～1853），字獻生，又字元伯，安徽桐城人。嘉慶乙丑（1805）進士，授翰林庶吉士。學識廣博，曾主講江西白鹿洞、安徽廬陽等書院。著有《毛詩傳箋通釋》、《崇鄭堂詩文集》等。

郝懿行與馬瑞辰相識的具體時間不詳，大致應在嘉慶十年（1805）左右。是年馬瑞辰中乙丑科進士，在工部任職，二人同在京師，可能有過交往。嘉慶十七年（1812），馬瑞辰爲王照圓《列女傳補注》作序。他回憶道：「往歲，瑞辰以年家子弟問學於郝蘭皋先生。先生方爲《爾雅疏》，每寫數頁，輒以見示。往復討論，心獲良多，檮昧所及，過蒙採錄。既乃出安人所著《列女傳補注》相示，受而讀之，其立論則原本《禮經》，其詁議則讀應《爾雅》。考訛證謬，必廣證乎群書；訂異參同，亦兼綜夫眾說。博而不蕪，精而不鑿，洵足傳子政之家法，紹惠姬之懿範已。」〔註 70〕給予了王照圓《列女傳補注》極高的評價，並於序中提出了中肯的意見。

此外，馬瑞辰《毛詩傳箋通釋》也曾引用王照圓的學術觀點，如卷十六馬瑞辰解釋「猗彼女桑」時曰：

> 王照圓《詩小紀》曰：「椅，當爲夷。夷與薙音義同，爲芟夷復生者。桑樹芟夷彌茂，猗言茂美也，女言柔弱也。」今浙中種桑皆小桑，其枝每歲皆經芟夷，是亦可備一說。〔註 71〕

從側面說明了馬瑞辰對王照圓學術成就的肯定。

## （六）洪頤煊

洪頤煊（1765～1837），字旌賢，號筠軒，晚號倦舫老人，浙江臨海人。嘉慶六年（1801）拔貢生，官直隸州州判、廣東新興知縣。洪頤煊爲孫星衍

〔註 69〕〔清〕臧庸：《拜經堂文集》卷二，《續修四庫全書》本，集部第 1491 冊，第 534 頁。

〔註 70〕〔清〕王照圓著，虞思徵點校：《列女傳補注》，第 6 頁。

〔註 71〕〔清〕馬瑞辰著，陳金生點校：《毛詩傳箋通釋》，第 456 頁。

門人。孫星衍署山東督糧道，洪頤煊客其幕，爲其撰寫《孫氏書目》及《平津館讀碑記》十二卷。洪頤煊吏才短而文學優，自著有《筠軒詩文鈔》十二卷，《台州札記》十二卷，《倦舫書目》十卷，《經典集林》三十五卷，《讀書叢錄》二十四卷，《管子義證》八卷，《諸史考異》十八卷，《漢志水道疏證》四卷，《孔子三廟記注》八卷等。

嘉慶十七年（1812），洪頤煊應郝懿行之託，爲王照圓《列仙傳校正》作序，其云：

> 劉向典校經籍始作「列仙」、「列士」、「列女」之傳，晉唐人所論如是，不可謂向無此書也。陶弘景《真誥》云孔安國撰孔子弟子七十二人，劉向撰列仙亦七十二人，今本止七十人，安人考訂脱《羨門》、《劉安》二傳，……其餘字句之異同傳寫之誤，安人舉之最詳。如「嘯父少在西周市上補履」，安人據《文選注》、《水經注》證「西周」當作「曲周」。〔註72〕

洪頤煊在序中指出王照圓《列仙傳校正》對於《列仙傳》有兩點貢獻，一是在《列仙傳》所列人數方面，王氏考訂出劉向《列仙傳》脫《羨門》、《劉安》二傳；二是王氏總結了很多《列仙傳》字句、傳寫方面的訛誤。由此序可見洪頤煊對王照圓的賞識。

洪頤煊不僅爲王照圓《列仙傳校正》作序，還應郝懿行之託校正《列女傳補注》，並提出了4則意見。

### （七）牟庭

牟庭（1759～1832），原名廷相，字陌人，號默人，山東煙臺棲霞人。曾任觀城訓導，後以病辭官，埋首著書，曾被當地人稱爲「山左第一秀才」。乾隆六十年（1795）優貢生，「受知於阮文達，與郝蘭皋友善，同研樸學」〔註73〕，與牟應震、牟昌裕並稱「棲霞三牟」。牟庭精於考據，「遂深經學，晚尤嗜易」〔註74〕，著述頗豐，有《楚辭述芳》、《詩切》、《投壺算草》、《雪泥書屋遺文》、《雪泥書屋雜誌》等。

---

〔註72〕〔清〕洪頤煊：《筠軒文鈔》卷八，《叢書集成初編》本，第133冊，第632～633頁。

〔註73〕〔民國〕徐世昌等：《清儒學案》之《牟先生庭》，北京：中華書局，2008年版，第4578頁。

〔註74〕姜亮夫：《姜亮夫全集》卷二，昆明：雲南人民出版社，1999年版，第246頁。

牟庭與郝懿行二人自幼同學，又同治樸學，郝懿行每有著述，常與之商榷。如第一節中所述，牟庭曾作《節母林孺人家傳》，讚美了王照圓之母林孺人勤勞善良的美德。王照圓《記從表妹林氏遺事》一文有云：「余讀牟默人先生《祭冢婦林氏》文，不禁喟然而歎也。」〔註 75〕可見王照圓與牟庭亦多有交往。

## （八）陳爾士

陳爾士（1785～1821），字煒卿，一字靜友，餘杭籍嘉興人，清代著名女詩人。刑部員外郎陳紹翔之女，著名學者錢儀吉〔註 76〕（1783～1850）之妻。陳爾士通經涉史，工於吟詠，亦善筆箚，嘗於講貫之暇推闡經旨，自著《授經偶筆》以訓子女。室名曰「聽松樓」，今有《聽松樓遺稿》四卷（《附錄》一卷）可見。《杭州府志》、《兩浙輶軒續錄》、《歷代婦女著作考》、《清人詩文集總目提要》、《清人別集總目》均見著錄。《國朝閨秀正始集》、《閨秀詞鈔》、《清代閨閣詩人徵略》、《名媛詩話》、《晚晴簃詩匯》、《閨秀詩話》、《清詩紀事》、《冷廬雜識》等有陳氏簡傳或選作。《遺稿》有道光元年辛巳刊本，前有金孝維〔註 77〕、王照圓、董祐誠〔註 78〕序。〔註 79〕

生活年代雖然相近，但王照圓與陳爾士是否相識目前尚無史料可證。《閨中文存》中收錄了王照圓為陳爾士《聽松樓遺稿》所作的跋文，並敘述了自己不如陳氏之處有六，又於文末為陳氏「文富才嫻，蘭蕙夙彫」〔註 80〕深表遺憾，從中可見照圓對陳爾士人品及才華的欽慕之情。

---

〔註 75〕韓寓群主編：《山東文獻集成》第二輯第 48 冊，王照圓《曬書堂閨中文存》，第 645～646 頁。

〔註 76〕錢儀吉，字藹人，號衎石，又號新梧（一作心壺），浙江嘉興人。博通群籍，工文章，治經講求故訓，尤精史學，有《衎石齋記事稿》、《國朝獻徵集》等多部著作。

〔註 77〕金孝維，字仲芬，嘉興人。禮部主事金潔之女，同縣戶部郎中錢豫章室，陳爾士之嬸娘。有《有此廬詩鈔》。

〔註 78〕董祐誠（1791～1823），初名曾臣，字方立，江蘇陽湖人。著有《蘭石齋駢體文》、《董方立遺書》、《移華館駢體文》等。

〔註 79〕參考臧利娟：《試論清代女作家陳爾士》，《名作欣賞》，2012 年第 32 期。

〔註 80〕韓寓群主編：《山東文獻集成》第二輯第 48 冊，王照圓《曬書堂閨中文存》，第 647 頁。

### （九）劉靜春

劉靜春（生卒年不詳），字里不詳，著有《古列女傳詩》，胡文楷《歷代婦女著作考》僅言「是書有王照圓女史序」〔註81〕，今未見其書。

嘉慶十八年（1813）十二月，王照圓爲劉靜春《古列女傳詩》作序，其云：

> 《古傳》百二十有四人，今詩百二十有五篇，補曹大家一篇也。其詩澹雅，穆如清風而不加雕琢，異乎妃豨，蓋有古澹之遺味焉。……今詩百有餘篇，首尾粲然，取材於《傳》而不溢一言，繼絕響於向歆，扇餘芬於鞶帨。〔註82〕

給予了劉靜春《古列女傳詩》極高的評價。

### （十）李扶雲

李扶雲（生卒年不詳），字松岑，漢軍人〔註83〕，直隸河間同知李奉瑞女，戶部主事象曾室。著有《松岑室稿》。清人鐵保所輯《熙朝雅頌集》收集了自清初至嘉慶初年凡 534 位八旗詩人的詩作 6000 餘首，其中收錄李扶雲《月夜》、《玩月》、《菊影》等詩 9 首。〔註84〕

王照圓於嘉慶十六年（1811）夏四月作《松岑詩草序》：

> 余幼讀《毛詩》，每歎風雅之作，感人深矣。夫其一往纏綿，溫柔敦厚，閨閣之摛詞也。含毫渺然，婉而多風雅，人之深致也。至於緣情綺靡，藻采繽紛，騷人之香草，方斯蔑焉。今讀《松岑遺稿》，而乃如見其人矣。〔註85〕

表達了對李扶雲的傾慕以及對其英年早逝的哀傷之情。

---

〔註81〕胡文楷：《歷代婦女著作考》，第 720 頁。

〔註82〕韓寓群主編：《山東文獻集成》第二輯第 48 冊，王照圓《曬書堂閨中文存》，第 645 頁。

〔註83〕漢軍，即漢軍八旗的簡稱，是清代軍事組織的名稱，與滿洲八旗、蒙古八旗共同構成清代八旗的整體，也是清朝族籍的一種。凡漢人於明季降清者，依滿洲兵制，編入漢軍各旗。漢軍八旗的人員入八旗戶籍，享受滿洲籍待遇，歸皇家調動。

〔註84〕參見〔清〕鐵保輯，趙志輝校點補：《熙朝雅頌集》，遼寧民族古籍整理文學類之二，瀋陽：遼寧大學出版社，1992 年版，第 1697～1698 頁。

〔註85〕韓寓群主編：《山東文獻集成》第二輯第 48 冊，王照圓：《曬書堂閨中文存》，第 644 頁。

### （十一）郝　

郝　（約 1778～1819），乾隆、道光年間人，字秋岩，山東齊河人。進士郝雲晢之次女，廩生張鳳鳴之妻。郝　「少穎悟，學詩於宋湘皋及叔寅亭」，「尤著稱一時」〔註 86〕。著有《秋岩詩集》三卷，有道光五年（1825）刊本，列入《郝氏四子詩鈔》，有李若琳序、郝荅序、秋岩自序、李允升跋及秋岩自跋。此外，據胡文楷《歷代婦女著作考》統計，郝　閨中還曾著《碧梧軒吟》，于歸後著有《蘊香閣詩鈔》，孀居後著有《恤緯吟》。〔註 87〕

「齊河郝氏，一門風雅。」〔註 88〕郝　爲郝懿行族妹，與郝氏夫婦多有往來，對王照圓的才華更是十分欽佩。據王培荀《鄉園憶舊錄》載：

> 齊河女史郝秋岩寄以詩，小序云：「嫂，棲霞族兄懿行室也，兄以著述馳聲天下，嫂亦文章博洽，名能與兄偶，學者稱爲婉佺先生。甲戌冬，嫂自京師以所注《夢書》、《列女傳》見寄，賦此誌謝：文星夜朗銀河北，賢媛聲華溢京國。續史無慚世叔妻，生花肯讓江郎筆。憐爾文章播上清，蛾眉不愧號先生。遙遙願識瓊枝色，眷夢無因到鳳城。」〔註 89〕

郝　以「先生」稱呼王照圓，足見其對王照圓學術成就的肯定。

王照圓作爲乾嘉時期的著名女學者，突破三綱五常的束縛，大膽追求理想。她一生學識廣博，著述繁富，與同時期許多學者多有交往，這在一定程度上激發了她對學術的追求，同時也反映出乾嘉時期學術環境的開放和女性地位的進一步提高。

## 第三節　王照圓著述

王照圓博通經史，著述頗豐，不僅擅長詩文寫作，在學術研究領域更是有所建樹。她與丈夫郝懿行亦師亦友，相互切磋學問，在各自的學術道路上扮演著重要的角色。王照圓的一些作品諸如《列女傳補注》、《列仙傳校正》等，依託郝懿行而得以刊印，流傳至今爲讀者所見。但也有一些著述沒有成

〔註 86〕〔民國〕王蘊章著，王培軍點校：《染指餘韻》卷三，《民國詩話叢編》，上海：上海書店出版社，2002 年版，第 68～69 頁。（以下所引版本俱同）。
〔註 87〕胡文楷：《歷代婦女著作考》，第 495 頁。
〔註 88〕〔民國〕王蘊章著，王培軍點校：《染指餘韻》卷三，第 68 頁。
〔註 89〕〔清〕王培荀著，蒲澤校點：《鄉園憶舊錄》，第 157 頁。

書，散見於郝懿行的各類著作中，更有一些早已亡佚。因各種原因，學術界目前沒有對王照圓進行過專門、系統的研究，對其著述也沒有進行過系統梳理，僅有山東大學主編的《山東文獻集成》對王照圓的著作收入得較爲完備。有鑑於此，筆者在《山東文獻集成》所收錄的王照圓著作的基礎上，綜合其他學者文集中的一些材料，對王照圓的著述作一番簡要考察。

## 一、存本

### （一）《列女傳補注》八卷

王照圓《列女傳補注》始撰寫於嘉慶十年（1806）八月，最終成書於嘉慶十六年（1811）前後。最早有嘉慶十七年（1813）棲霞郝懿行家刻本，由棲霞郝氏曬書堂刊行，後收入郝聯薇所輯《郝氏遺書》中。此外還有民國六年（1917）《龍溪精舍叢書》本，光緒八年（1882）廣智書局本，1937 年臺灣本，1967 年《國學基本叢書》本，2002 年《續修四庫全書》本等。《列女傳補注》共八卷，後附《校正》一卷，《敘錄》一卷。《校正》部份主要是王念孫、臧庸、馬瑞辰、王引之、洪頤煊、牟庭等人的校正。

### （二）《列仙傳校正》二卷（附《列仙傳贊》一卷）

王照圓《列仙傳校正》始作於嘉慶九年（1804），約成書於嘉慶十七年（1812）十一月。所用底本爲王氏序中所云「今本」，校本爲明《道藏》本。現有清道光間雙蓮書屋刻本，書前有洪頤煊序。全書分上下兩卷，廣泛徵引了《藝文類聚》、《初學記》、《文選注》、《太平御覽》等書中的相關內容，對《列仙傳》進行了校正。該書對於《列仙傳》的貢獻誠如洪頤煊在序中所云，既爲劉向《列仙傳》所列人數方面做了修正，又總結了很多《列仙傳》字句、傳寫方面的訛誤。《列仙傳校正》後附《列仙傳贊》一卷，王照圓自序云：「《列仙傳》有贊，今本無之，唯道藏本有。原附各傳之後，今錄出別爲一卷，又贊文一首，道藏及今本具有，原附下卷之末，今移置贊後。」〔註 90〕並解釋了將贊文錄出更爲一卷的原因，即「不與藏經同，存古也」〔註 91〕。

---

〔註 90〕韓寓群主編：《山東文獻集成》第二輯第 48 冊，王照圓《曬書堂閨中文存》，第 641 頁。

〔註 91〕韓寓群主編：《山東文獻集成》第二輯第 48 冊，王照圓《曬書堂閨中文存》，第 641～642 頁。

### （三）《曬書堂閨中文存》一卷

收於郝懿行《曬書堂集》中，有清光緒十年（1184）郝聯薇東路廳署刻本，由其孫郝聯薇付梓刊印成書。書前曰：「郝觀察聯薇志述祖德，既奉蘭皋先生所著《易》、《春秋》、《爾雅》等書，暨王安人婉佺所著《詩問》、《列女傳》次第上諸朝，又將《晉宋書故》、《補刑法食貨志》、《宋瑣語》、《荀子補注》……凡若干種，並附王安人所遺文詩都爲一集。」其中所言「一集」，當包括《曬書堂閨中文存》在內。

《閨中文存》共收錄了王照圓十一篇文章，從內容上可以分爲兩類：一是《葩經小記敘》、《列女傳補注敘》、《列仙傳校正敘》、《列仙傳贊敘》、《晉宋書故跋》、《夢書題辭》、《松岑詩草序》、《劉靜春〈古列女傳詩〉序》、《聽松樓遺稿跋》等九篇敘跋類文章；一是《讀孝節錄》、《記從表妹林氏遺事》等兩篇敘事類文章。

### （四）《和鳴集》一卷（與郝懿行合著）

《和鳴集》由郝懿行和王照圓共同完成，有清光緒十年（1184）郝聯薇東路廳署刻本。《和鳴集》收錄了王照圓與郝懿行共 46 首詩，後附王照圓祭財神七言絕句 10 首（詩後附郝氏評語），合計 56 首，其中王照圓詩共 39 首。前有郝懿行所作序言，介紹了《和鳴集》的成書由來。詩歌內容主要是二人平日裏相互唱和，總體上可以分爲新婚對唱、寫景詠物、遙寄相思、抒寫抱負、日常生活五大類，內容十分豐富，藝術手法靈活多樣。

### （五）《夢書》一卷

《夢書》的具體寫作時間今無從考證，然王照圓親筆《夢書題辭》作於嘉慶十年（1805），可推知《夢書》應作於是年前後。今有清道光間雙蓮書屋刻本，有海陽趙銘彝爲之覆校。由《夢書題辭》可知王照圓作此書的目的是爲了「存古」，同時也表達了自己「浮生若夢」的人生感慨。

此外，《詩問》七卷、《詩說》二卷雖然包含了大量王照圓關於《詩經》學的見解，但實以郝懿行爲主，所以不錄於此。

## 二、佚本

### （一）《葩經小記》

「葩經」一詞源自唐代韓愈《進學解》「《詩》正而葩」一說，後成爲《詩經》的代名詞。《葩經小記》是王照圓少時讀《詩》的心得，郝懿行《爾雅義疏》、馬瑞辰《毛詩傳箋通釋》皆稱爲《詩小紀》。王照圓《葩經小記敘》作於嘉慶十三年戊辰（1808）六月九日，其云：「廿餘年前《葩經小記》草，強半脫落，兼之遺忘，聊欲補葺成書，亦以追惟慈氏之訓，寄明發之懷。」〔註92〕是年王照圓四十六歲，由「廿餘年前」一語可推知王照圓開始寫作《葩經小記》的時間大約在她二十幾歲之時。郝懿行《與孫淵如先生書》一文有云：「拙荊王婉佺《葩經小記》，未有定本。」〔註93〕《詩問序》載：「（瑞玉）嘗以己意著《葩經小記》，然亦不自珍賞，散置奩篋間。」〔註94〕王氏《葩經小記》今僅存其敘，收入《曬書堂閨中文存》中，殆《葩經小記》一書並未落成，其說多散見於郝懿行的《詩問》、《詩說》中。王照圓《松岑詩草序》有云：「獨念余耽思著述廿有餘年，《毛詩》一經尚未卒業。」〔註95〕蓋亦指《葩經小記》未成書一事而言。

郝懿行的很多著述引用了王照圓的學術觀點，如《爾雅義疏》載：「詩『猗彼女桑』傳：『女桑，荑桑也。』荑即桋之正文，謂木更正細者，故鄭箋云『女桑，少枝長條』是也。王照圓《詩小紀》云：『桋當爲荑。』荑與薙音義同，謂芟荑復生者，桑樹芟荑彌茂，猗言茂美也，女言柔弱也。」〔註96〕清人馬瑞辰《毛詩傳箋通釋》釋《七月篇》「猗彼女桑」時亦引王照圓《詩小紀》之說〔註97〕，與《詩問》中的解釋意同而字異，可見《詩小紀》即《葩經小記》無疑。馬氏素與郝懿行夫婦交往甚密，必據王照圓《葩經小記》原稿，蓋當時王氏之說尚未收入《詩問》之中，故馬氏稱《詩小紀》而不稱《詩問》。另有一些清代學者的著述，如桂文燦《經學博采錄》、胡培翬《研六室文鈔》等記載王照圓著有《詩經小記》，蓋亦是指《葩經小記》而言。《山東通續志》於《詩問》下有云：「書中凡引瑞玉曰云云，蓋即《葩經小記》之說。」〔註98〕所言甚是。

---

〔註92〕韓寓群主編：《山東文獻集成》第二輯第48冊，王照圓《曬書堂閨中文存》，第643頁。

〔註93〕韓寓群主編：《山東文獻集成》第二輯第48冊，郝懿行《曬書堂文集》，第456頁。

〔註94〕韓寓群主編：《山東文獻集成》第二輯第47冊，郝懿行《詩問》，第211頁。

〔註95〕韓寓群主編：《山東文獻集成》第二輯第48冊，王照圓《曬書堂閨中文存》，第642頁。

〔註96〕〔清〕郝懿行：《爾雅義疏》（卷下二），安作璋主編《郝懿行集》（第四冊），第3597頁。

〔註97〕〔清〕馬瑞辰撰，陳金生點校：《毛詩傳箋通釋》，第456頁。

〔註98〕參見許維遹：《郝蘭皋（懿行）夫婦年譜》，第47頁。

### （二）《婉佺詩草》、《詩話》

這兩本書均未流傳下來，僅有民國時期著名學者徐世昌《晚晴簃詩匯》中有簡短記載。《晚晴簃詩匯》載王照圓著有《婉佺詩草》、《詩話》，又載王氏「于歸後，蘭皋有所述造，每爲寫定題識，其所著諸書皆附蘭皋書以行。尤喜言詩，著《葩經小記》未成，蘭皋撰《詩問》，謂與婉佺相問答，條其餘義別爲《詩說》，採婉佺說居多。後誤爲婉佺作。」〔註 99〕依徐氏所言，《婉佺詩草》、《詩話》與《葩經小記》各有所指。筆者以爲，若從著作題目和類型看，並結合徐氏後面對《詩說》成書的交代，可推測文中《詩話》乃《詩說》之誤。而「詩草」一詞多用來指代詩集，可以推測《婉佺詩草》應是王照圓的詩稿。其中或有可能記載了王照圓出嫁前所寫的詩歌，也有可能收入後來的《和鳴集》中。因此二書均未流傳下來，史料記載也極少，所以無法得到證實。至於這兩本書是否確實存在，則還需要進一步考證。

〔註 99〕〔民國〕徐世昌：《晚晴簃詩匯》，《續修四庫全書》本，第 424 頁。

# 第二章　王照圓《列女傳補注》

西漢劉向所著《列女傳》是中國歷史上最早以記載女性故事爲主的傳記類作品，其風格新穎，手法獨特，開創了後世各種女訓類和女性傳記類著作的先河。《列女傳》成書於漢成帝永始年間，最早著錄於劉向《七略》，爲八卷本。自《列女傳》行世以後，東漢班昭、馬融、劉熙，三國虞貞節，南朝梁綦毋邃等人皆爲之作注。東漢中期以後，班昭所注《列女傳》十五卷本逐漸流行，成爲通行本。宋明時期，不少學者對通行本《列女傳》進行了整理和刊刻。今本《列女傳》，以南宋建安余仁仲勤有堂本爲最古，始於「有虞二妃」，至「趙悼后」，凡七篇，每篇十五傳。迄於清代，樸學大興，校注《列女傳》者可謂不乏其人，如梁端、王照圓、孫詒讓、顧廣圻、王紹蘭、蕭道管、陳漢章等。其中以王照圓《列女傳補注》、梁端《列女傳校注》〔註1〕和蕭道管《列女傳集解》〔註2〕最有學術價値，統稱清代《列女傳》三家注校本。陳康祺《郎潛紀聞初筆》贊曰：「彤管清徽，一時鼎峙。」〔註3〕

王照圓《列女傳補注》以《史記正義》、《文選注》中所輯集的曹大家注爲主，兼取虞貞節、綦毋邃之義，「考僞證謬，訂異參同，頗能通其隱滯，發

〔註1〕梁端，字無非，清代錢塘著名學者汪遠孫妻，卒於道光四年（1825），著有《列女傳校注》八卷，有道光十一年（1831）錢塘汪氏振綺堂刻本和同治十三年（1874）重印本。

〔註2〕蕭道管（1855～1907），字君佩，一字道安，侯官光緒壬午舉人、學部主事陳衍室。著《列女傳集解》十卷（包括《補遺》一卷、《附錄》一卷），有光緒間刊本，收入《石遺室叢書》。

〔註3〕〔清〕陳康祺：《郎潛紀聞初筆》，北京：中華書局，1984年版，第197頁。

前人所未及。詮釋名理，校正文字，貫串經傳，疏解精嚴」〔註4〕。而曹大家、虞貞節、綦毋邃等人的注今已不存，所以《列女傳補注》對於人們研究《列女傳》具有十分重要的價值。不僅如此，《列女傳補注》是王照圓最有學術價值的著作，對於人們解讀王照圓的思想有十分重要的研究價值。

## 第一節 《列女傳補注》的寫作背景、成書與版本

### 一、《列女傳補注》的寫作背景

《列女傳》自行世以來，對其進行注解、續傳者可謂代不乏人，而至清代尤爲蔚爲大觀。不僅男性文人對《列女傳》的解讀十分重視，如孫詒讓的《列女傳札記》，顧廣圻的《列女傳考證》，王紹蘭的《列女傳補注證訛》等等。作爲中國古代宮廷及仕宦家庭中的女性教科書，《列女傳》亦受女性文人的關注。據胡文楷《歷代婦女著作考》所考，清代注解、續作《列女傳》之類的著作有：王煒的《續列女傳》、王照圓的《列女傳補注》、王端淑的《歷代帝王后妃考》、吳靜的《女鑒錄》、李兌順的《女史纂要》及《后妃實錄》、李閏的《歷代列女論》、汪清的《列女徵略》、沈同梅的《古今列女人表》、禹氏的《列女傳贊》、曹雪芬的《廿四史列女合傳》、梁端的《列女傳校讀本》、劉靜春的《古列女詩》、陳敬的《古孝女烈女傳詩》、蕭道管的《列女傳集解》、薛紹徽的《外國列女傳》、嚴蘅的《女世說》等等。足見《列女傳》在清代學術界中的重要地位。

至於《列女傳》在清代備受關注的原因，徐興無在《清代王照圓〈列女傳補注〉與梁端〈列女傳校讀本〉》一文中說道：

> 先秦儒家倡言之修齊治平之說，實始自男女夫婦之倫理，以爲家庭、社會、國家乃至人類之根基。故《詩》以《關雎》始；《易》以《咸》、《恒》對《乾》、《坤》。《中庸》曰：「君子之道，造端乎夫婦。及其至也，察乎天地。」……漢儒亦特重此意。劉向《列女傳》每篇之中皆標舉《詩》義；《詩》之外則多引《易》說，故《列女傳》之作，非對婦女行教，而是針對君子，在劉向的原意，是針對漢成帝，示之以人倫之始，以爲修身之基。故其選擇廣泛，不似後世特

〔註4〕〔清〕王照圓著，虞思徵點校：《列女傳補注》，第3頁。

重貞順節烈，倫理觀念狹隘，專爲禁錮女性，與先秦及漢儒之旨大相徑庭。清儒最名此理。〔註 5〕

徐氏以爲漢儒之後的學者對《列女傳》的解讀和續作多偏離了劉向撰寫《列女傳》的原旨，多注重演發狹隘的婦女貞節觀念，而清儒卻深得劉向之旨。他舉王照圓《列女傳補注》中的注釋爲例云：「王照圓據《禮記·曾子問》批評《貞順傳·衛寡夫人》持三年之喪爲『情過乎禮，未爲中道』之說，亦可見王氏之女性倫理觀念開明之處。」〔註 6〕並總結道：

清乾嘉樸學推崇漢儒之學，於客觀的學術研討與典籍整理之中，亦發抉傳統文化的眞義，使後世之人評判傳統文化具備歷史的鹽田，此亦梁任公言清儒「以復古爲解放」之旨。〔註 7〕

由此我們可以瞭解到《列女傳》在清代的流傳有其深刻的時代價值。王照圓的《列女傳補注》正是在這種時代背景之下完成的。

從個人原因來講，誠如王照圓《列女傳補注敘》中所言：「照圓六歲而孤，母林夫人恩勤鞠育，教以讀書。嘗從燕間顧照圓而命之曰：『昔班氏注《列女傳》十五卷，今其書亡，如能補爲之注，是余所望於汝也。』照圓謹誌之，不敢忘。分陰遄邁，奄忽四七，寸草盟心，遂成銜恤，追省前言，恒隕越以滋懼，不揣愚蒙，略依先師之故，用達作者之意。」〔註 8〕王照圓補注《列女傳》，實出自母教。王照圓年幼失怙，由母親林孺人恩勤教導，十歲始讀《孝經》、《內則》，自小便受到系統的封建教育。在傳統婦女觀念濃厚的清代社會，對女性的要求也表現在一些女教讀物的傳播上，劉向的《列女傳》自然列入其中。所以綜上所述，從個人角度來看，王照圓補注《列女傳》一方面是遵母遺命，另一方面也與其從小受到的教育和由此而形成的女性觀念有莫大關聯。

---

〔註 5〕徐興無：《清代王照圓〈列女傳補注〉與梁端〈列女傳校讀本〉》，載於張宏生主編《明清文學與性別研究》，第 929～930 頁。

〔註 6〕徐興無：《清代王照圓〈列女傳補注〉與梁端〈列女傳校讀本〉》，載於張宏生主編《明清文學與性別研究》，第 930 頁。

〔註 7〕徐興無：《清代王照圓〈列女傳補注〉與梁端〈列女傳校讀本〉》，載於張宏生主編《明清文學與性別研究》，第 930 頁。

〔註 8〕韓寓群主編：《山東文獻集成》第二輯第 48 冊，王照圓《曬書堂閨中文存》，第 640 頁。

## 二、《列女傳補注》的成書時間與版本流傳

《列女傳補注》（本章中自此以下簡稱《補注》）共八卷，後附《校正》一卷、《敘錄》一卷。關於《補注》開始撰寫的時間，王照圓自述作於嘉慶十年（1806）八月，郝懿行嘉慶十三年（1808）《與孫淵如觀察書》云：「（拙荊）近復欲注《列女傳》，將上繼曹大家之遺躅，亦未知能了此事不也。」〔註 9〕可知《補注》此時尚未完成。臧庸、馬瑞辰的序言分別作於嘉慶十六年（1811）和嘉慶十七年（1812），可推知《補注》最終成書於嘉慶十六年前後。

《補注》完成之後，郝懿行曾分請同時期學者王念孫、胡承珙等人對《補注》進行校正，以求匡所不逮。《補注》後附《校正》一卷，包含有王念孫 10 條，臧庸 7 條，馬瑞辰 7 條，王引之 3 條，洪頤煊 4 條，胡承珙 11 條，王紹蘭 11 條，牟庭 13 條。正如李瑩在《王照圓〈列女傳補注〉研究》中所說：「這些人都是當時的著名學者，他們對王照圓《列女傳補注》的評價，表現出男性對女性學者的認可和贊許。可見王照圓的學術研究不是一種封閉的學問，而是一種得到社會承認的文化。」〔註 10〕

嘉慶十七年（1813）春，《補注》由棲霞郝氏曬書堂刊行，後收入郝聯薇所輯《郝氏遺書》中。光緒八年（1882），順天府尹畢道遠奉旨進奉郝氏夫婦著作若干以供禁者，《補注》幸得留呈御覽。民國六年（1917），潮陽鄭堯臣撰寫《郝氏遺書》校刊，《補注》亦收入《龍溪精舍叢書》。此外《補注》還有《國學基本叢書》本，《續修四庫全書》本，光緒八年廣智書局本，1937 年臺灣本等等。〔註 11〕

# 第二節　《列女傳補注》的注釋特點

王照圓《補注》共八卷，另有《敘錄》一卷，《補正》一卷，凡 141 篇，自謂「補曹大家之注也」。《補注》以《史記正義》、《文選注》中所輯曹注為主，兼取虞貞節、綦母邃之義，博采眾說，考訛證謬，訂異參同，頗能通其隱滯，發前人所未及。又詮釋名理，校正文字，貫串經傳，疏解精嚴。「至於

〔註 9〕韓寓群主編：《山東文獻集成》第二輯第 48 冊，郝懿行《曬書堂文集》，第 456 頁。

〔註 10〕李瑩：《王照圓〈列女傳補注〉研究》，第 1 頁。

〔註 11〕李瑩：《王照圓〈列女傳補注〉研究》，第 1 頁。

義所常行、舊人已注及文字小異者，則闕而弗論，不俱著」〔註 12〕，其立說可謂審愼而精嚴。馬瑞辰、臧庸爲之作注，皆給予了極高的評價。臧庸更贊其「當代女師，一人而已」。《補注》成書以後，收到當時諸多學者的關注，很多人爲之批校。民國時，其《校正》遺稿曾由王獻唐收藏，牟祥農分條輯出，名爲《列女傳補注校錄》〔註 13〕。《補注》的文獻學價値和地位可見一斑。

《補注》共八卷，從內容上可以將其注釋分爲六大類，正如李瑩《王照圓〈列女傳補注〉研究》中所分注詞義、注句義、注異文、注脫文和注衍文六類，各類注釋各有其優點和不足，本文不再贅述〔註 14〕。以下筆者將從訓詁和校注兩個大方面入手分析王照圓《補注》的注釋特點。

## 一、「詮釋名理，辭簡義恰」

既言《補注》，王照圓對於常用的以及前人已經詮釋清楚的字詞均不再贅述。臧庸在《列女傳補注序》中稱讚《補注》「詮釋名理，詞簡義恰」，可謂至言。如其注《母儀傳・魯季敬姜》「敬姜闔門而與之言」一句曰：

闔，闢也。門，寢門也。踰，過也。閾，門限也。〔註 15〕

注《魯之母師》「吾從汝謁往監之」一句曰：

謁，告也。監，視也。〔註 16〕

注《賢明傳・晉文齊姜》「能育君子於善」一句曰：

育，謂養長而成就之。〔註 17〕

注《魯黔婁妻》「縕袍不表」一句曰：

縕，舊絮也。袍，衣之有著者也。不表，《御覽》引作「無表」。〔註 18〕

注《仁智傳・楚武鄧曼》「鄧曼者，武王之夫人也」一句曰：

鄧，國名，曼，其姓。《國語》曰：「鄧由楚曼。」〔註 19〕

---

〔註 12〕〔清〕王照圓著，虞思徵點校：《列女傳補注》，第 4 頁。
〔註 13〕此書刊於《山東省立圖書館季刊》第一輯，第 1 期（1931 年）。
〔註 14〕李瑩：《王照圓〈列女傳補注〉研究》，第 5～36 頁。
〔註 15〕〔清〕王照圓著，虞思徵點校：《列女傳補注》，第 30 頁。
〔註 16〕〔清〕王照圓著，虞思徵點校：《列女傳補注》，第 40 頁。
〔註 17〕〔清〕王照圓著，虞思徵點校：《列女傳補注》，第 56 頁。
〔註 18〕〔清〕王照圓著，虞思徵點校：《列女傳補注》，第 80 頁。
〔註 19〕〔清〕王照圓著，虞思徵點校：《列女傳補注》，第 98 頁。

注《貞順傳・齊孝孟姬》「妃后踰閾必乘安車輜軿」一句曰：

閾，門限也。輜軿，車四面屏蔽也。〔註20〕

皆選用簡單易懂的詞語來作爲注釋內容，言簡意賅，便於讀者理解。

王照圓的很多解釋儘管簡單，但卻能將意思表達得十分精確，即馬瑞辰《列女傳補注序》中所云「博而不蕪，精而不鑿，洵足傳子政之家法，紹惠姬之懿範」〔註21〕。如其注《仁智傳・魯臧孫母》「斂小器，投諸臺」一句曰：

臺，地名也。《春秋・襄十二年》「莒圍臺」，注云：「琅邪費縣南有臺亭。」即此。又臧母說云：「取郭外萌內之城中。」即有城郭，可知爲地名也。〔註22〕

王照圓徵引《春秋》之說，又聯繫上下文得出「臺」爲地名的結論，可謂論之有據。再如其注《辯通傳・楚江乙母》「其母亡布八尋」一句曰：

八尺爲尋，倍尋爲常。五尺爲墨，倍墨爲長。八尋長六丈四尺也。〔註23〕

對於尺、尋、墨等計量單位之間的關係解釋得既簡單又清楚。其注《賢明傳・有虞二妃》「選於林木，入於大麓」一句曰：

入，《尚書》作「內」，古字通也。「內」又同「納」。《廣雅》云：「選，納入也。」是「入於大麓」即「選於林木」，句意重複矣。《文選注》引曹大家注曰：「林木曰竹，山足曰麓。」〔註24〕

再如其注《仁智傳・魯臧孫母》「臧我羊，羊有母」一句曰：

臧，善也。羊，祥也。祥亦善也。羊性孝，善養母，故「美」、「善」字俱從羊。〔註25〕

王照圓從文字學角度解釋字詞，串連文義。再如其注《貞順傳・召南申女》「《傳》曰：『正其本則萬物理，失之毫釐差之千里。』」曰：

此《易傳》文也。《禮記・經解》引下二句，《漢書》、《越絕》引上三句，《說苑》全引之，而俱稱「《易》曰」。〔註26〕

---

〔註20〕〔清〕王照圓著，虞思徵點校：《列女傳補注》，第155頁。

〔註21〕〔清〕王照圓著，虞思徵點校：《列女傳補注》，第4頁。

〔註22〕〔清〕王照圓著，虞思徵點校：《列女傳補注》，第117頁。

〔註23〕〔清〕王照圓著，虞思徵點校：《列女傳補注》，第235頁。

〔註24〕〔清〕王照圓著，虞思徵點校：《列女傳補注》，第4頁。

〔註25〕〔清〕王照圓著，虞思徵點校：《列女傳補注》，第117頁。

〔註26〕〔清〕王照圓著，虞思徵點校：《列女傳補注》，第142頁。

綜上可見，通過徵引群書，得到簡潔而精確的解釋，是王照圓《列女傳補注》的一大特點。

## 二、「考訛證謬，訂異參同」

訓詁是王照圓《補注》最主要的工作，在這個過程中，王照圓也做了大量的校正工作。可以說，《補注》整體上是訓詁與校正相輔相成。以訓詁辯正訛，以正訛釋字詞。馬瑞辰《列女傳補注序》「考訛正謬，必證乎群書，訂異參同，亦兼綜夫眾說」〔註 27〕之語可謂道出了王照圓補注《列女傳》的一大特點。如其注《母儀傳．周室三母》「太姒生十男」一句曰：

> 十男之次，管叔敘周公下，與《孟子》及《史記．世家》不合。又成叔武、霍叔處，此復互易其名，疑誤。〔註 28〕

王照圓沒有詳細敘述太姒所生十男的具體名字和長幼順序，而只是引《孟子》、《史記》爲例，證明《傳》文之誤。類似的還有其注《母儀傳．魯季敬姜》「宣敬民事」一句曰：

> 《國語》「敬」作「序」。序，與「敘」同，「敘」、「敬」亦字形之誤。《初學記》引作「日中考正敘人事」，可知「敬」字誤也。〔註 29〕

注《賢明傳．齊桓衛姬》「今妾望君舉趾高，色厲音揚，意在衛也」一句曰：

> 《呂覽》作「足高氣強，有伐國之志也。見妾而有動色，伐衛也。」此有闕脱，而意未完整，宜補正之。〔註 30〕

根據文義的不完整得出「宜補正」的結論。又如其注《節義傳．梁節姑姊》「梁節姑姊者」一句曰：

> 姊，當作「妹」，今本俱誤。唯《左傳釋文》不誤，引此《傳》稱：「梁有節姑妹，謂父之妹也。」是矣。〔註 31〕

王氏博覽群書得出今本《列女傳》俱將「妹」誤寫爲「姊」的結論，可見其所下工夫之深。王照圓於訓詁、校勘之際，比較注本的良莠，如其注《辯通傳．趙津女娟》「妾願備父持楫」一句曰：

---

〔註 27〕〔清〕王照圓著，虞思徵點校：《列女傳補注》，第 4 頁

〔註 28〕〔清〕王照圓著，虞思徵點校：《列女傳補注》，第 17 頁。

〔註 29〕〔清〕王照圓著，虞思徵點校：《列女傳補注》，第 24 頁。

〔註 30〕〔清〕王照圓著，虞思徵點校：《列女傳補注》，第 53 頁。

〔註 31〕〔清〕王照圓著，虞思徵點校：《列女傳補注》，第 220 頁。

《藝文類聚》、《北堂書鈔》俱引「備父」作「備員」，此作「父」，誤矣。《書鈔》云：「妾居河濟之間，世習舟楫之事，願備員持楫。」較今本增多十一字，而文義尤善也。〔註 32〕

其注《孽嬖傳・晉獻驪姬》「自吾先君武公兼翼而楚穆弒成」一句曰：

《晉語》曰：「武公伐翼，殺哀侯。」楚穆，太子商臣也。弒成王事在驪姬後，此言失矣。〔註 33〕

更根據歷史事件的前後順序判斷《傳》文的正誤，足見其歷史基礎之牢固。

還有一點値得注意，王照圓在字詞釋義和校勘的過程中，還遍尋經傳之文爲《傳》文斷句，往往言之有理，持之有據。如其注《貞順傳・齊孝孟姬》「親迎之綏自御輪三曲顧姬與」時曰：

迎，當作「授」，字之誤也。《士昏禮》云：「壻御婦車授綏。」是其義。「自御輪三」爲句。《昏義》云：「御輪三周」是也。「曲顧姬與」，「與」當作「輿」，亦字之誤。「曲顧」者，《詩》曰：「韓侯顧之。」毛《傳》：「曲顧，道義也。」「姬輿」者，姬之所乘車。〔註 34〕

不僅解釋了字詞之義，串聯了文義，還通過斷句讓讀者讀起來更清晰明瞭。

## 三、「疏通疑義，詮補舊說」

誠如臧庸所言「疏通疑義，詮補舊說，而大旨了然」〔註 35〕，王照圓《補注》在前人的基礎上廣徵群書，解疑答惑，對舊說提出質疑，並做出了合理的解釋，使得《傳》文的意思更加清晰明瞭。如其注《仁智傳・魯臧孫母》「言取郭外萌內之於城中也」一句曰：

萌，萌芽也。蓄聚、疏材之屬也。言收斂蓄聚，毋以資敵人。必言萌者，幼少之稱，以書言斂小器也。〔註 36〕

對於「萌」字做出了恰如其分的解釋，並具體分析了它在文中的特定含義。再如其注《母儀傳・魯季敬姜》「少採夕月」一句曰：

---

〔註 32〕〔清〕王照圓著，虞思徵點校：《列女傳補注》，第 252 頁。
〔註 33〕〔清〕王照圓著，虞思徵點校：《列女傳補注》，第 302 頁。
〔註 34〕〔清〕王照圓著，虞思徵點校：《列女傳補注》，第 155 頁。
〔註 35〕〔清〕臧庸：《拜經堂文集》卷二，《續修四庫全書》本，第 534 頁。
〔註 36〕〔清〕王照圓著，虞思徵點校：《列女傳補注》，第 117 頁。

《初學記》引曹大家注曰：「少採，降之採也。以秋分祀夕月，以迎陰氣也。」今按：曹大家注「降」下疑有脱文。〔註37〕

對曹大家的解釋提出了質疑。其注《賢明傳・周宣姜后》「待罪於永巷」一句曰：

《文選・景福殿賦注》引，注云：「永巷，堂塗是也。」今按：永巷，漢制以爲宮中署名，周則未聞，故曹注以爲堂塗耳。〔註38〕

對曹大家以「永巷」爲「堂塗」的判斷做了進一步的解釋。其注《貞順傳・梁寡高行》「妾夫不幸早死，先狗馬塡溝壑」一句曰：

《藝文類聚》引無「早死」二字，《文選注》引有之。「狗」俱作「犬」。《選注》引虞貞節曰：「人受命於天而命長，犬馬受命於天而命短。妾之夫反先犬馬死矣。」所引即此《注》之文也。〔註39〕

王照圓引《藝文類聚》、《文選注》之說解釋了虞貞節所引之文的出處。再如其注《節義傳・魯秋潔婦》「當所悅馳驟，揚塵疾至」一句曰：

《選注》引「當」下有「見親戚」三字，而無「所悅」以下八字。《太平御覽》引作「當懽喜，乍馳乍驟，揚塵疾至，思見親戚」云云，乃知此及《選注》具有缺陷，而此更誤，不可讀也。〔註40〕

王照圓引《太平御覽》所云，得出了《傳》文與《文選注》皆誤的結論。其注《辯通傳・晉弓工妻》「糊以阿魚之膠」一句曰：

《藝文類聚》引「阿」作「河」，與《韓詩外傳》同。《北堂書鈔》仍引作「阿」。阿魚，未詳，疑作「河」者是。《御覽》引綦毋邃注曰：「燕角善，楚筋細，阿膠黏也。〔註41〕

王照圓綜合分析各家之說，提出了自己的猜測。其注《孽嬖傳・殷紂妲己》「紂乃爲炮烙之法，膏銅柱加之炭，令有罪者行其上，輒墮炭中，妲己乃笑」曰：

《史記集解》引「妲己笑」下有「名曰炮烙之刑」六字，此脱去之。《索引》曰：「鄒誕生：『格，一音閣。』又曰：『爲銅格，炊炭其下，使罪人步其上。』」與《列女傳》少異。今按：炮格，俗作「炮烙」，此依宋本《史記》改。〔註42〕

---

〔註37〕〔清〕王照圓著，虞思徵點校：《列女傳補注》，第30頁。
〔註38〕〔清〕王照圓著，虞思徵點校：《列女傳補注》，第50頁。
〔註39〕〔清〕王照圓著，虞思徵點校：《列女傳補注》，第179頁。
〔註40〕〔清〕王照圓著，虞思徵點校：《列女傳補注》，第210～211頁。
〔註41〕〔清〕王照圓著，虞思徵點校：《列女傳補注》，第238頁。
〔註42〕〔清〕王照圓著，虞思徵點校：《列女傳補注》，第278頁。

王照圓不僅指出《傳》文的脫文現象，還通過對「炮烙」一詞含義的分析，得出了《傳》文乃「依《宋本》改」的結論。綜上所述，王照圓在前人基礎上加以詮補和考證，對疑義詳加解釋，體現出了前修未密，後出轉精的學術境界。

## 四、「貫串經傳，尤多心得」

臧庸《列女傳補注序》評價《補注》「貫串經傳，尤多心得」〔註 43〕，徐興無也認爲此爲「王氏《補注》最精彩之處」〔註 44〕。臧氏於《序》中連舉三例以證之，如王氏注《母儀傳・棄母姜嫄》「姜嫄之性，清淨專一」一句曰：

> 《荀子》云：「好稼者眾矣，而后稷獨傳者，一也。」是后稷之性專一，而母教使然。〔註 45〕

注《母儀傳・契母簡狄》「簡狄性好人事之治」一句曰：

> 人事謂五教之屬，契明人倫，本之母教。〔註 46〕

注《貞順傳・衛宣（寡）夫人》「遂入持三年之喪」一句曰：

> 遂，非禮也。喪又不應三年也。《曾子問》：「取女有吉日而女死，壻齊衰而弔，既葬，除之，夫死亦如之。」鄭注：「未有期三年之恩也。」齊女情過乎禮，未爲中道。〔註 47〕

此外，還有很多例子體現出王氏《補注》「貫穿經傳，尤多心得」的特點，如其注《母儀傳・魯季敬姜》「繹不盡飲則退」一句曰：

> 繹尸，尸之祭也。《國語》「飲」作「飫」。飫，燕食也。不盡飲，恐醉飽失儀。〔註 48〕

以「恐醉飽失儀」解釋「不盡飲」的原因，可謂見解獨到。其注《魯之母師》「臘月」一詞曰：

---

〔註 43〕〔清〕臧庸：《拜經堂文集》卷二，《續修四庫全書》本，第 534 頁。

〔註 44〕徐興無：《清代才女王照圓〈列女傳補注〉與梁端〈列女傳校讀本〉》，第 928 頁。

〔註 45〕〔清〕王照圓著，虞思徵點校：《列女傳補注》，第 7 頁。

〔註 46〕〔清〕王照圓著，虞思徵點校：《列女傳補注》，第 10 頁。

〔註 47〕〔清〕臧庸：《拜經堂文集》卷二，《續修四庫全書》本，第 534 頁。

〔註 48〕〔清〕王照圓著，虞思徵點校：《列女傳補注》，第 30 頁。

臘者，祭名。謂獵取禽獸以祭也。魯人獵較，蓋其俗尚使然。〔註 49〕

從風俗習慣上解釋詞義，使讀者更容易理解其中的深意。再如其注《齊田稷母》「受下吏之貨金」一句曰：

「貨」疑「貸」字之誤，蓋稷以俸祿所餘，稱貸於人而收其息，故《韓詩外傳》田子謂此金所受俸祿也。若受下吏賄賂而得金，是貪墨之人，豈稱賢母乃有是子也？今以其母斷之，知事必不然矣。〔註 50〕

王照圓從《傳》文之旨推測字詞之正誤，解釋合情合理，實乃高見。此條清代著名訓詁大家顧廣圻也有過解釋，其曰：「《韓詩外傳》曰：『所受俸祿也。母曰：爲相三年，不食乎？治官如此，非吾所欲也。』語微異而不同。」顧氏轉引了《韓詩外傳》之說，然見識卻不如王氏。

《補注》多爲簡注，少有長篇大論者。但也有例外，王照圓不僅詳細講解了《傳》文的含義，還提出了自己的新解。如其注《仁智傳·許穆夫人》「既不我嘉，不能旋反。視爾不臧，我思不遠」曰：

言許人既無救患分災之美，故衛不能復反其國都。前日行嫁時，固視爾不善矣。我之思慮，豈不遠乎？又言許不救衛，故衛不能濟河而北，前日之思慮，豈不甚神乎？三章又言女子之性，固善憂思，然亦各有道理。許人不知，而過責我，是乃眾幼稚且狂簡，不更歷於事耳。四章又言許人既不足恃，必須求援於大邦，當時大邦固莫如齊矣，而臣無忠信可任使者，果誰可依乎？誰使至乎？反覆思維，莫如我身往齊國求救耳。蓋齊桓之存衛，許夫人之力也。〔註 51〕

王照圓通過《傳》文前後的呼應，斷定齊桓公救衛，乃是許穆夫人之力，數個疑問句中留露出對衛國愚昧之民的惋惜，和對許穆夫人慷慨救國的欽佩。雖然《傳》文所載許穆夫人的故事本身與史書相違，但王氏就事論事，其解釋可謂自圓其說，恰到好處。

王氏於《補注》中很少流露出個人的情感和喜惡，但也有幾篇，她因感觸良深而發出了自己的感慨，上面所講《許穆夫人》一文便是如此，此外還

〔註 49〕〔清〕王照圓著，虞思徵點校：《列女傳補注》，第 40 頁。
〔註 50〕〔清〕王照圓著，虞思徵點校：《列女傳補注》，第 46 頁。
〔註 51〕〔清〕王照圓著，虞思徵點校：《列女傳補注》，第 101 頁。

有其注《貞順傳・衛宣（寡）夫人》「衛君使人愬於齊兄弟，齊兄弟皆欲與君，使人告女，女終不聽，乃作詩曰」曰：

> 然則女不聽同庖之言，至於兄弟覯怒，群小見侮，石席盟心，摽闢悲吟。覯其摛詞，終託奮飛，乃知此女遂終於衛而不復歸，良足悕已。〔註52〕

王氏通過衛君與齊兄弟的言行舉止，推斷出衛宣夫人終不復歸的結局，並對其命運深表遺憾。

王照圓校勘、訓詁文字，雖然多不詳注出處，有時也斷自己意，而不再廣徵旁說，如其注《貞順傳・爲宗二順》「子奉祀而妾事我，我不聊也」一句曰：

> 聊，賴也。賴之言利也。言以妾禮事我，我不敢當，此於我不利也。

但由於其學識淵博，治學嚴謹，即便是常常自斷文義，也常與顧廣圻、段玉裁等人的校注不謀而合。例如《母儀傳・齊女傅母》「姆戴嬀之子桓公」，王照圓注曰：「『姆』，即『母』也。」〔註53〕段玉裁注曰：「姆當是母，謂以桓公爲己子也。」再如《賢明傳・楚老萊妻》「據其遺粒，足以食也」，王照圓注曰：「《列仙傳》無『據』、『以』二字，此『據』疑『捃』字形誤。捃，拾也。」〔註54〕顧廣圻注曰：「『據』疑『捃』之誤，拾也。」

## 五、「斯並微言，善解禮義」

臧庸《列女傳補注序》言王氏《補注》「斯並微言，善解禮義」〔註55〕，馬瑞辰《列女傳補注序》中也言《補注》「立論則原本《禮經》，其訓詁則讀應《爾雅》」〔註56〕。確如二人之說，王照圓在解釋字、詞、句意，考訛訂正之時，常常徵引《禮記》、《儀禮》、《尚書》中的觀點來作爲自己校補訂訛的依據。如其注《母儀傳・棄母姜嫄》「汝居稷」一句曰：

〔註52〕〔清〕王照圓著，虞思徵點校：《列女傳補注》，第147頁。
〔註53〕〔清〕王照圓著，虞思徵點校：《列女傳補注》，第24頁。
〔註54〕〔清〕王照圓著，虞思徵點校：《列女傳補注》，第89頁。
〔註55〕〔清〕臧庸：《拜經堂文集》卷二，《續修四庫全書》本，第534頁。
〔註56〕〔清〕王照圓著，虞思徵點校：《列女傳補注》，第4頁。

居，俗本作「后」，形之誤也。今《書·舜典》亦同此誤。《詩·思文》正義引鄭注作「汝居稷官」可證。夫后者，君也。舜方命官，君主之號，不容施於其臣也。「汝居稷」，猶言汝作士、汝作司徒耳，何有后稷之稱乎？〔註 57〕

王照圓通過「君主之號，不容施於其臣」的禮法規定，再加上鄭玄、孔穎達等人的解釋，得出了今本《列女傳》「居」當爲「后」的結論，言之有據。王照圓不僅熟知禮儀，還以此推斷行文的闕脫。如其注《賢明傳·宋鮑女宗》「夫禮，天子十二」一句曰：

禮，天子一娶十二女，此句上下疑有闕脫。〔註 58〕

王照圓以天子娶十二女的禮法規定來判斷此處上下有闕脫。再如其注《魯黔婁妻》「其妻出戶，曾子弔之」一句曰：

《禮》：「婦人送迎不出門，見兄弟不踰閾。」此出户，爲受弔也。弔，施於生者也。《太平御覽》引有「隱門而入，立於堂前，其妻出，衣褐袍」一十四字，在「曾子弔之」句上，爲今本所無。〔註 59〕

王照圓引《禮》中的說法，又引用《太平御覽》中的解釋加以說明，證明了曾子之弔「施於生者」，並判斷今本有闕文。

王照圓生長於齊魯之鄉，從小受儒家思想耳濡目染，自然對儒家禮樂文化有著深刻的認識，這一點在她的著述中得以體現。她不僅嚴格要求自己，懂禮守禮，還對歷史人物關於禮儀的行爲有著自己的見解。這一點在《補注》中表現得最明顯的一則是其注《貞順傳·衛宣（寡）夫人》「遂入，持三年之喪」一句時曰：

遂入，非禮也。喪又不應三年也。曾子問曰：「取女有吉日，而女死，如之何？」孔子曰：「壻齊衰而弔，既葬而除之。夫死亦如之。」鄭注：「未有期三年之恩也。女服斬衰。」然則準斯以論，齊女行嫁，雖至城門，既衛君死，於義當還，斬衰而弔，既葬遂除，如斯而已。齊女斷以三年，喪過乎哀，情過乎禮，狂狷之行，未爲中道。尋繹聖言，蓋因壻女夭殂，未爲夫婦，故不容成服備禮，鄭以經文齊衰，

〔註 57〕〔清〕王照圓著，虞思徵點校：《列女傳補注》，第 7 頁。
〔註 58〕〔清〕王照圓著，虞思徵點校：《列女傳補注》，第 68 頁。
〔註 59〕〔清〕王照圓著，虞思徵點校：《列女傳補注》，第 80 頁。

乃是蒙壻而言，猶未顯女爲夫之服，故補足經文，以爲「女服斬衰」，良由經言吉日已有爲夫婦之漸，故各服其本服，禮緣義起，實則未爲夫婦，故禮以義終，弔服齊斬，爲權以恩，葬而除服，遂斷以禮。且女嫁從夫，今未成嫁，誰適爲從？安有生未同牢之人，可服斬衰而持三年喪者乎？假令可行，即與已爲夫婦者，又何以別焉？謹依經義，詮釋《傳》文，齊女之行，殆未免賢者之過與？〔註 60〕

王照圓開首便指出「遂入」本就是非禮之舉，「喪」又不應三年。然後列舉孔子、鄭玄的說法，來說明衛宣夫人尚未成嫁，不得受三年之喪，此舉實是「喪過乎哀，情過乎禮，狂狷之行，未爲中道」。衛宣夫人之傳被收入《貞順傳》中，本是作爲被歌頌的對象而爲後人所熟知，但王照圓在尊重劉向原義的基礎上，從禮儀的角度入手給予了衛宣夫人更爲客觀的評價，可謂至言。

此外，還有其注《貞順傳·齊孝孟姬》「三月廟見」一句曰：

《士昏禮》：「舅姑在者，以昏之明日，質明贊見婦於舅姑；若舅姑沒，則婦人三月，乃奠菜。」即此云廟見之禮也。〔註 61〕

注《貞順傳·齊孝孟姬》「孝公親迎孟姬於其父母，三顧而出」一句曰：

親迎之禮，壻升堂再拜，奠鴈降出，此言親受之於父母也。〔註 62〕

注《節義傳·楚成鄭瞀》「鄭瞀者，鄭女之嬴媵」一句曰：

鄭瞀，《文選詩注》引作「楚成鄭字瞀者」。嬴，秦姓也。媵，從嫁也。蓋秦人嫁女於楚，而鄭以子瞀媵之也。故曰「鄭女之嬴媵」。禮，一國嫁女，二國往媵之也。〔註 63〕

注《楚昭越姬》「寡君受之太廟也」一句曰：

昏禮，自納采以下，一受之於廟。〔註 64〕

等等都體現了王照圓對禮義的深刻理解，從中可見儒家禮樂文化對其產生了潛移默化的影響。

除了以上五個特點，王照圓《列女傳補注》還有很多其他的特點，例如她對《列女傳》引《詩》問題的討論，她對脫文、衍文的詳細分析以及對《列

〔註 60〕〔清〕王照圓著，虞思徵點校：《列女傳補注》，第 147 頁。
〔註 61〕〔清〕王照圓著，虞思徵點校：《列女傳補注》，第 155 頁。
〔註 62〕〔清〕王照圓著，虞思徵點校：《列女傳補注》，第 155 頁。
〔註 63〕〔清〕王照圓著，虞思徵點校：《列女傳補注》，第 189 頁。
〔註 64〕〔清〕王照圓著，虞思徵點校：《列女傳補注》，第 195 頁。

女傳》版本、體例的探討等等，都顯示出了不凡的能力。其中關於《列女傳》引《詩》問題的討論，可謂獨居新創，對我們研究《列女傳》引《詩》問題有重要的價值，所以將其單列一節，在第三節中作重點討論。

## 第三節　《列女傳補注》對《列女傳》引《詩》問題的探討

《列女傳》引《詩》問題一直是《詩經》學研究者關注的一個重點。《列女傳》成書之時，《詩經》雖然已經成爲「五經」之一，列爲官學，但較爲權威性的解釋並不多，今文三家詩又先後亡佚，所以後世學者在注釋解讀《詩經》時，常將《列女傳》作爲重要的參考文獻。所以研究《補注》關於《列女傳》引《詩》問題的討論，對於學者研究《列女傳》引《詩》問題有重要的學術價值。《補注》中對於《列女傳》引《詩》問題的討論，主要集中在釋詞和詩句的歸屬問題以及引《詩》主題、作者與成書緣由等方面。因三家詩先後亡佚，對於這些問題的看法，學者們大多各執一詞。下面筆者試從劉向師承與《魯詩》淵源、詩句字詞釋義與四家詩以及《列女傳》引《詩》主題、作者和成詩緣由三個方面來論析王照圓對《列女傳》引《詩》問題的探討。

### 一、關於劉向師承與《魯詩》淵源

《魯詩》淵源甚古〔註65〕。據《漢書・楚元王傳》記載，楚元王劉交「少時嘗與魯穆生、白生、申公俱受《詩》於浮丘伯。伯者，孫卿門人也。」〔註66〕《漢書・儒林傳》中也有類似的記載：「申公，魯人也，少與楚元王交俱事齊人浮丘伯受《詩》。」〔註67〕而劉向乃楚元王劉交四世孫，故有劉向世傳魯學之說，繼而以爲《列女傳》所引之詩皆爲《魯詩》。此種論斷肇始於宋代王應麟，清代朱彝尊、臧庸本之，王照圓亦襲此說〔註68〕。

---

〔註65〕學術界多以荀子爲《魯詩》傳授之源，還有學者認爲《魯詩》受《孔子詩論》影響頗深，如陳桐生《孔子詩論研究》、張強《孔子詩論與魯詩考論》，也有學者認爲《魯詩》還深受《孟子》以史證詩方法影響，例如李華《孟子與漢代詩學》一文。

〔註66〕〔漢〕班固：《漢書》，北京，中華書局，1962年版，第1921頁。（以下所引版本相同）

〔註67〕〔漢〕班固：《漢書》，第3608頁。

〔註68〕詳見附錄六。

王應麟《漢藝文志考證》云：

（《魯說》十八卷）出於浮丘伯，乃荀卿門人。荀卿，魯學之原也。劉向爲楚元王交之孫，交亦受詩於浮丘伯，劉向之學，魯詩之流也。……楚元王交與魯穆生、白生、申公俱受詩於浮丘伯，伯者，孫卿門人也。申公始爲詩，號魯詩。……向乃元王之孫，必本於魯詩。〔註 69〕

並輔以例子佐證。朱彝尊《經義考》云：

楚元王受詩於浮丘伯，劉向元王之孫，實爲魯詩。……《列女傳》以《芣苢》爲蔡人妻作，《汝墳》爲周南大夫妻作，《行露》爲申人女作，《柏舟》爲衛宣夫人作，《燕燕》爲定姜送婦作，《式微》爲黎莊公夫人及其傅母作，《大車》爲息夫人作，此皆本於魯詩之序也。〔註 70〕

並附有《漢楚王交詩傳》〔註 71〕，亦引王應麟說。臧庸《〈楚辭章句〉多魯詩說》一文稱「王叔師《楚辭章句》所引詩或與《韓》、《毛》不同，而與《爾雅》及《列女傳》有合者，蓋魯義也」〔註 72〕，也間接表達了自己的觀點。這種觀點試圖從作者師承和魯詩淵源上探尋《列女傳》引《詩》的出處，有一定的理論依據，但筆者認爲這僅能看作是一種寫作傾向，即劉向在撰寫《列女傳》之時，所引詩句必定受其魯學淵源影響。依此便下定論，未免有些牽強，無法令人信服。何況劉向撰寫《列女傳》之時，三家《詩》並未亡佚，所引《詩》句自是受到各家影響，也必定注入了他自身對四家詩的理解，可謂鎔鑄四家以成其作。

清代學者王端履《重論文齋筆錄》有云：

向爲楚元王交之孫，交受詩於浮丘伯，劉向之學，魯詩之流也。

端履案此說實非。《新序》、《說苑》、《列女傳》引詩證明之說，實多

〔註 69〕〔宋〕王應麟：《漢藝文志考證》卷二，景印文淵閣《四庫全書》本，史部第 675 冊，臺北：商務印書館，1986 年版，第 22 頁。（以下所引《四庫全書》本俱同此版本）

〔註 70〕〔清〕朱彝尊：《經義考》卷九十九，景印文淵閣《四庫全書》本，史部第 678 冊，第 327 頁。

〔註 71〕〔清〕朱彝尊：《經義考》卷一百，景印文淵閣《四庫全書》本，史部第 678 冊，第 329 頁。

〔註 72〕〔清〕臧庸：《拜經日記》卷七，《續修四庫全書》本，集部第 1158 冊，第 114 頁。

> 襲《韓詩外傳》文，其不皆魯詩，一證也；《漢書・儒林傳》「魯人申公受詩於浮丘伯，以詩經爲訓詁，以教亡傳」，是《魯詩》本無傳，今《說苑》所引詩說多冠以「傳曰」字，其非《魯詩》，二證也；又《儒林傳》向以故諫大夫通達待詔，受《穀梁》，而《新序》、《說苑》中多雜引公羊左氏二傳文，知所引詩亦當雜齊魯韓三家之說，其不皆魯詩，三證也。〔註73〕

王端履舉三證以反駁王應麟之說，並認爲「三家詩久亡，學者無從分別，幸《韓詩外傳》尚存，得以尋間求索，亦一快也」〔註74〕。由上可見《列女傳》引詩問題眾說紛紜，因三家詩亡佚較早而無法得到精確的論斷。

王照圓「自少小之年母氏督入女學」，「授《毛詩》」〔註75〕，對於《毛詩》較爲熟悉，因而在《補注》中多以《毛詩》作爲參照，與《毛詩》相異者即猜測爲《魯詩》，似乎有意將《毛詩》與《魯詩》截然分開，但實際情況並非如此。據史書記載，申公與毛公同出於荀卿之門，且相去不遠，清代學者陶方琦認爲二公「傳受魯讀，各有師承。今文古文之學出於口授，不無區別，又疑近時《毛詩》亦非定本，歷檢唐人類書、字書、史傳志注，所引《毛詩》與今本有異，安知今本不有三家詩雜糅其中？」〔註76〕進而得出「魯毛同誼」的觀點。陶氏又言：

> 齊詩早亡，無可略談，《韓》與《魯詩》皆今文之學，《韓詩》多本於魯，故文義相同。班氏言《魯詩》爲訓詁，齊韓皆爲之傳，安知齊韓之詩非即本之《魯詩》而爲之傳說歟？故今所存《韓詩》遺說與《魯詩》多合，是其證也。」〔註77〕

可見齊魯韓三家詩文義多相合，淵源頗深，而尤以《魯詩》傳統更加源遠流長。馬瑞辰在《毛詩傳箋通釋》中專著《魯詩無傳辨》一文，他認爲顏師古以「無

〔註73〕〔清〕王端履：《重論文齋筆錄》卷五，《續修四庫全書》本，集部第1262冊，第586頁。

〔註74〕〔清〕王端履：《重論文齋筆錄》卷五，《續修四庫全書》本，集部第1262冊，第586頁。

〔註75〕韓寓群主編：《山東文獻集成》第二輯第48冊，王照圓《曬書堂閨中文存》，第643頁。

〔註76〕〔清〕陶方琦：《漢孳室文鈔》卷三，景印文淵閣《四庫全書》本，集部第1567冊，第528頁。

〔註77〕〔清〕陶方琦：《漢孳室文鈔》卷三，景印文淵閣《四庫全書》本，集部第1567冊，第528頁。

傳」爲「不爲解說之傳」，其說誤也。並引用《漢書‧楚元王傳》和《太平御覽》等書以及何休《公羊傳》注、班固《白虎通義》、《文選》李善注爲「魯詩有傳之證」。他考證《史記‧儒林傳》曰：「『申公獨以《詩經》爲訓故以教，無傳疑，疑者則闕弗傳。』當讀『無傳疑』爲句，下云『疑者則闕弗傳』乃釋上『無傳疑』三字也。『傳』讀如傳授之傳，非傳注之傳。」〔註78〕馬瑞辰認爲《魯詩》自申公相傳，只是存疑之處不傳而已，也肯定了《魯詩》傳統的淵源流長。

馬瑞辰《列女傳補注序》以爲「劉向所引《韓詩》實多，似不得謂其悉本《魯詩》也」〔註79〕，並舉證云：

> 考《傳》所引《詩》，惟「康王晏起，《關雎》起興」與《漢書‧杜欽傳》同，「先君之恩，以畜寡人」與《坊記》鄭注爲定姜送婦同。一則師古以爲《魯詩》，一則《釋文》以爲《魯詩》，可顯證爲《魯詩》說耳。其以《式微》爲黎莊夫人作，《碩人》爲莊姜傅母作，《大車》爲息夫人作，經傳無證，不能確指爲《魯詩》之學。若以《柏舟》爲衛宣夫人詩，與《李黃集解》引《韓詩》合。《芣苢》爲傷夫有惡疾，《汝墳》爲家貧親老，仕於亂世，與《韓詩章句》合。《行露》爲夫不備禮，女不肯往，《載馳》爲許穆夫人始欲與齊，以爲國援，與《韓詩外傳》合。《渭陽》爲秦太子罃送晉文公，與《後漢書》注引《韓詩》合。《行葦》爲公劉詩，與趙長君《吳越春秋》合。長君常從杜撫受《韓詩》，蓋亦《韓詩》也。〔註80〕

馬瑞辰以《列女傳》中引《詩》多與《韓詩》同爲據，認爲「劉向本傳並無世傳授《魯詩》之說，特後人以前證後之詞」〔註81〕，王引之《經義述聞‧劉向述韓詩》云：

> 《列女傳‧貞順傳》蔡人妻傷夫有惡疾而作《芣苢》，與《文選‧辯命論》注所引《韓詩》合，《賢明傳》周南大夫妻言仕於亂世者，爲父母在故也，乃作詩曰「魴魚赬尾」云云，與《後漢書‧周磐傳》注所引《韓詩章句》合。〔註82〕

---

〔註78〕〔清〕馬瑞辰著，陳金生點校：《毛詩傳箋通釋》，第3頁。
〔註79〕〔清〕王照圓著，虞思徵點校：《列女傳補注》，第6頁。
〔註80〕〔清〕王照圓著，虞思徵點校：《列女傳補注》，第6頁。
〔註81〕〔清〕王照圓著，虞思徵點校：《列女傳補注》，第6頁。
〔註82〕〔清〕王引之：《經義述聞》第七，《續修四庫全書》本，經部第174冊，第430頁。王引之還舉例「《貞順傳‧召南申女》以夫家一物不具，一禮不備，

二人同證《列女傳》所引《詩》多《韓詩》，並非皆為《魯詩》。筆者認為，晉唐以後，《韓》存《魯》亡，故所引多《韓詩》，可能本於《魯詩》而後人未可知。況正史確無劉向世傳《魯詩》的記載，馬瑞辰、王引之所論言之有物。

就作者師承和詩學淵源上看，筆者贊同馬瑞辰等人的觀點。若依王應麟、朱彝尊之論，則王照圓將《列女傳》中所引詩句，凡與《毛詩》相異者皆歸為《魯詩》，確有一定道理，但並不準確。況且照圓在注釋中也多次以《韓詩外傳》為參考，得出「當與《韓詩》同」〔註 83〕的結論，也說明《魯詩》與《韓詩》關係密切。概而言之，僅以作者師承和詩學淵源下定論，委實不夠妥當，還需深入分析詩句字詞釋義，才能得到全面的結論。

## 二、關於《列女傳》引《詩》字詞釋義

王照圓《列女傳補注》在對所引《詩》句的注釋中，凡與《毛詩》相異者，多歸為《魯詩》，這一點在詩學淵源上不甚明顯，在字詞釋義上則表現得尤為明瞭。

《毛詩》與齊魯韓三家詩在字詞上多用通假、古今字、形近字相互代替，學者們也常以此來辨別四家詩。王照圓十分看重這一點，常於注釋中加以區別。例如她對《母儀傳·契母簡狄》中「立子生商」一句解釋為：「《毛詩》『立』之上有『帝』字。此蓋《魯詩》。」〔註 84〕《賢明傳·周南之妻》：「『王室如毀』：毀，缺壞也。《毛詩》作『燬』。此蓋《魯詩》也。言王室多難，如將毀缺，不堅完也。」〔註 85〕等等。以下筆者將以《續傳·陳國辯女》為例，綜合其他學者的觀點來分析王照圓《補注》中的解釋是否合理。

---

守節持義必死不往，而作詩曰「雖速我獄」云云，與《韓詩外傳》合。《母儀傳·衛姑定姜》賦《燕燕》之詩，與《坊記》鄭注合，鄭為記注時多取《韓詩》也。又上災異封事，引詩密勿從事，與《文選》《為宋公求加贈劉前軍表》注所引《韓詩》「密勿同心」，皆以「密勿」為黽勉，然則向所述者乃韓詩也。」以證其說。

〔註 83〕〔清〕王照圓著，虞思徵點校：《列女傳補注》，第 248 頁。《辯通傳·阿谷處女》後注釋，照圓以為「不可休息」一句有誤，《韓詩外傳》「息」作「思」。此《魯詩》也，當與《韓詩》同，唯《毛詩》作「息」耳。

〔註 84〕〔清〕王照圓著，虞思徵點校：《列女傳補注》，第 10 頁。

〔註 85〕〔清〕王照圓著，虞思徵點校：《列女傳補注》，第 65 頁。

《續傳‧陳國辯女》引《陳風‧墓門》「墓門有梅，有鴞萃止。夫也不良，歌以訊止。訊予不顧，顛倒思予」贊辯女「貞正而有辭」。照圓釋「墓門有梅，有鴞萃止」云：

「梅」，當作「棘」。《楚辭注》云：「解居父聘乎吳，過陳之墓門，見婦人負其子，欲與之淫泆，婦人引《詩》刺之曰：『墓門有棘，有鴞萃止。』言墓門有棘，雖無人，棘上猶有鴞，汝獨不愧也。」據注及此《傳》所言，蓋皆《魯詩》說也。本爲一事，而師授各異，故傳述不同耳。是「有梅」之「梅」，或俗本據《毛詩》妄改。《魯詩》二章，俱作「有棘」，故云「棘上猶有鴞」，可知「梅」古本作「棘」矣。〔註86〕

陳奐《詩毛氏傳疏》釋「有梅」二字云：「王逸注載解居父事，婦人引『墓門有棘，有鴞萃止』，三家詩與上章皆作『棘』，《列女傳‧續篇》作『梅』，是僞字也，《毛詩》作『梅』。」〔註87〕陳奐認爲《列女傳》所引「墓門有梅」之「梅」有誤，實爲「棘」，蓋後人依《毛詩》妄改，此說與照圓同。陳壽祺《魯詩遺說考》案：

墓門有楳，「楳」當作「棘」。觀叔師引詩「墓門有棘，有鴞萃止」，是《魯詩》二章俱作「棘」，故云「棘上猶有鴞」。《列女傳》作「楳」，或俗本據《毛詩》改之。馬瑞辰云《玉篇》古文「某」作「槑」，「槑」「棘」形相似，蓋僞作「槑」，因之毛詩作「梅」，又作「楳」耳。〔註88〕

以陳壽祺之見，《毛詩》作「墓門有梅」，「梅」又作「楳」，而古本《列女傳》作「墓門有楳」，蓋據《毛詩》改之。

馬瑞辰《毛詩傳箋通釋》云：

「墓門有梅」，《傳》「梅」，枏也。瑞辰按：前章言「棘」，後章言「梅」，二木美惡大小不相類，非詩取興之恉。考《楚詞‧天問》曰：「何繁鳥萃棘，而負子肆情？」王逸注云：「晉大夫解居父聘吳，過陳之墓門，見婦人負其子，欲與之淫泆，肆其情慾，

〔註86〕〔清〕王照圓著，虞思徵點校：《列女傳補注》，第333頁。

〔註87〕〔清〕陳奐：《詩毛氏傳疏》卷一二，《續修四庫全書》本，經部第70冊，第160頁。

〔註88〕〔清〕陳壽祺：《魯詩遺說考》卷二之三，《續修四庫全書》本，經部第76冊，第148～149頁。

> 婦人則引《詩》刺之曰：『墓門有棘，有鴞萃止』。故曰『繫鳥萃棘』也。」其說蓋本三家詩，是知二章「墓門有梅」三家詩原作「墓門有棘」，與首章同。又《列女傳》引詩雖作「墓門有楳，有鴞萃止」，然據下文大夫曰：「其棘則有，其鴞安在？」則知上文引詩原作「墓門有棘」，故曰「其棘」。則有今本作「楳」者，特後人據《毛詩》改耳。《毛詩》作「梅」亦當爲形近之訛。古梅杏之「梅」，作「某」，古文作「槑」。見《玉篇》。與「棘」形相近，蓋「棘」訛作「槑」，因作「某」，又轉寫作「楳」與「梅」。毛公作《傳》時已誤，因隨其文訓之耳。〔註 89〕

馬瑞辰以爲《墓門》詩一、二章，前言「棘」，後言「梅」，文義無法相互照應，況「棘」「梅」二木「美惡大小不相類，非詩取興之恉」，所以二章「墓門有梅」當同首章「墓門有棘」。又《列女傳》詩句下文大夫云「其棘則有，其鴞安在？」可知二章俱爲「有棘」，而非「有梅」。從文字學角度分析，古「梅」亦作「楳」，又寫作「槑」，與「棘」形近。瑞辰以爲將「棘」誤作「梅」，乃一系列形近之誤的結果，而《列女傳》又爲後人據《毛詩》妄改，殊不知《毛詩》作傳之時，已誤。

筆者認爲，據《補注》中的解釋可知在王照圓補注《列女傳》所用的底本中，「墓門有楳」已作「墓門有梅」，且王照圓通過《魯詩》二章俱爲「有棘」所作的「『有梅』之『梅』，或俗本據《毛詩》妄改」的推斷，更近事實。其解雖與以上三位學者不同，但正如她在注釋中所說：「本爲一事，而師授各異，故傳述不同耳。」〔註 90〕可謂至言。

## 三、關於《列女傳》引《詩》主題、作者與成書緣由

《詩經》自傳世以來，四家詩各抒己見，從釋詞辨義到作者、主題，都自成體系。劉向《列女傳》成書於西漢末年，彼時三家詩已經廣泛流傳，關於《詩經》的主題眾說紛紜。保留在《列女傳》中對《詩經》句子的理解，與《毛傳》、《鄭箋》的注釋既有相同之處，亦不乏相異之處。這一方面源於師承的不同，但更重要的原因是，劉向《列女傳》所謂引詩，不是單純地轉引《詩經》中的詩句，而是灌注了自身對詩句的理解和認識，因其階級立場和寫作「以諷宮中」

〔註 89〕〔清〕馬瑞辰著，陳金生點校：《毛詩傳箋通釋》，第 411～412 頁。

〔註 90〕參見〔清〕王照圓著，虞思徵點校：《列女傳補注》，第 333 頁下注釋。

〔註91〕的宗旨，所引詩句更是以滿足其維護封建禮教的主題爲標準，因而很多詩句都偏離了本義。例如《周南・芣苢》本是勞動婦女在採摘車前草時即興而唱的短歌，但在《貞順篇・蔡人之妻》中卻被演繹成蔡人之妻恪守從一而終的封建婦道的誓言，實屬牽強附會。《列女傳》畢竟是一部文學作品，其故事情節雖有一定的歷史根據，但其虛構性決定了它不可能與事實完全相符，這就造成了文學作品與歷史事實的矛盾。況且劉向《列女傳》在引詩形式上也有其特殊之處。如同是出自魯學的《荀子》一書，與《列女傳》在引詩的形式上多有契合，但《荀子》整體上引用詩句更長，多爲四句甚至六句，而《列女傳》卻多爲二句或四句，引用六句的只有兩處〔註92〕。同樣引用一首詩，引用的詩句越少，越容易從原義中脫離出來，衍生出新的意義。這使得《列女傳》在引用詩句以契合故事主題時，往往斷章取義。〔註93〕

王照圓《列女傳補注》遵循「不遢愚蒙，略依先師之詁，用達作者之意」〔註94〕的原則，意在「凡所詮釋，將以通其隱滯，取供唫諷」〔註95〕，專注於釋詞辨義，對於故事主題，並不多言，即使涉及故事大意，也皆依劉向原意以圓其說。對《列女傳》引詩多有斷章取義的部份，王照圓也僅就詩論詩，以釋義爲主。例如「孟母三遷」的故事廣爲人知，《列女傳》引詩句「彼姝者子，何以予之」以贊之。這句詩出自《詩經・鄘風・干旄》，《毛詩序》釋其主題「美好善也」〔註96〕。筆者認爲若以該詩主題與孟母的故事相較，則「好善」、「告以善道」言之有理，即讚美孟母善以教化、善爲人母之道。但所引「彼姝者子，何以予之」（直譯爲「那個美好的姑娘，拿什麼禮物送給你呢？」）

---

〔註91〕王回《列女傳序》：「向爲漢成帝光祿大夫，當趙后姊娣嬖寵時，奏此書以諷宮中。其文美刺《詩》《書》已來女德善惡繫於家國治亂之效者……」關於《列女傳》的寫作緣由，曾鞏也撰《列女傳序》云：「向以謂王政必自內始，故列古女善惡所以致興亡者以戒天子，此向述作之大意也。」

〔註92〕即《母儀篇・魏芒慈母》中所引《曹風・鳲鳩》「鳲鳩在桑，其子七兮。淑人君子，其儀一兮。其儀一兮，心如結兮」，《仁智篇・許穆夫人》所引《鄘風・載馳》「載馳載馳，歸唁衛侯。驅馬悠悠，言至於漕。大夫跋涉，我心則憂。既不我嘉，不能旋反」。

〔註93〕參考史常力：《漢代魯詩師承淺——以《荀子》對劉向《列女傳》的影響爲例》，《詩經研究叢刊》，第二十二輯。

〔註94〕〔清〕王照圓著，虞思徵點校：《列女傳補注》，第415頁。

〔註95〕〔清〕王照圓著，虞思徵點校：《列女傳補注》，第415頁。

〔註96〕〔漢〕鄭玄箋、〔唐〕孔穎達疏：《毛詩正義》卷三（二），景印《十三經注疏》本，北京：中華書局，1980年版，第319頁。（以下所引版本俱同）

似乎並不妥當。可見劉向在引用這兩句詩時，並非用其詩句本義，而主要以整首詩的主題來附和故事主題。正如王先謙《詩三家義集疏》云：

> 《列女傳・鄒孟軻母篇》略言孟母斷織，孟子勤學不息，遂成名儒。君子謂孟母知爲人母之道矣。詩曰：「彼姝者子，何以告之」，此之謂也。亦推演之詞，其意取孟母能告子以善道，亦與賢者樂告善道合，知魯說亦同。〔註 97〕

王照圓於此傳引「彼姝者子，何以予之」來讚美孟母並沒有作出解釋，也許前人對此早有注釋，照圓「闕而弗論」。

王照圓《補注》中對劉向所引詩句的含義也並非完全不作解釋。例如《母儀篇・湯妃有㜪》中引詩句「窈窕淑女，君子好逑」讚美「妃明而有序」，又言「賢女能爲君子和好眾妾」。照圓注釋云：「此蓋《魯詩》也，與《毛詩》異議，爲鄭《箋》所本。」陳奐《詩毛氏傳疏》云：

> 《列女傳・母儀篇》引詩作「逑」，讀如《左傳》怨耦曰逑，而釋之云言賢女能爲君子和好眾妾。鄭玄作《箋》云：「后妃善女，能爲君子和好眾妾之怨。《樛木》，《箋》：后妃能和諧眾妾不嫉妬其容貌。鄭亦以淑女指后妃，唯以好仇爲和好眾妾，義本三家說耳。《正義》謂后妃思得淑女以配君子，失傳箋之恉也。〔註 98〕

陳奐以爲詩中「淑女」即爲「后妃」，后妃「善女」，無須外求賢女以配君子。鄭玄此說與劉向《列女傳》同。陳壽祺《魯詩遺說考》案：

> （言賢女能爲君子和好眾妾也）此義與《毛傳》異，鄭君《詩箋》云「善女能爲君子和好眾妾之怨者」說，即本魯詩。……又案《列女傳》爲《魯詩》當作「好仇」，《爾雅注》所引詩可證今本《列女傳》作「好逑」乃後人轉寫妄據《毛詩》改字耳。〔註 99〕

陳壽祺通過《爾雅注》證《列女傳》「好逑」當爲「好仇」，又肯定了《鄭箋》多用魯義，可推知《列女傳》「君子好逑」本作「君子好仇」，其「賢女能爲君子和好眾妾」說蓋取自《魯詩》說。又有陳玉樹《毛詩異文箋》案：

---

〔註 97〕〔清〕王先謙：《詩三家義集疏》卷三中，《續修四庫全書》本，經部第 77 冊，第 468 頁。

〔註 98〕〔清〕陳奐：《詩毛氏傳疏》卷一，《續修四庫全書》本，經部第 70 冊，第 7 頁。

〔註 99〕〔清〕陳壽祺：《魯詩遺說考》卷一，《續修四庫全書》本，經部第 76 冊，第 60 頁。

> 劉向《列女傳・湯妃有㜪傳》引詩「君子好逑」說，云「賢女能爲君子和好眾妾」，此《箋》所本。夫君子宮中當無怨女，即有之，后妃有樛木逮下之德，自能和之，何須別求淑女？〔註 100〕

也贊同《列女傳》取義與《鄭箋》同，蓋《魯詩》說。以上學者的論證多與照圓同。筆者以爲，以《爾雅注》所引詩可證今本《列女傳》「好逑」本作「好仇」，況據馬瑞辰《毛詩傳箋通釋》所言，「《毛詩》古文多假借，『仇』與『求』雙聲，故經文及《傳》、《箋》皆借『仇』爲『逑』，《釋文》『逑，本亦作仇』是也」〔註 101〕，可證陳壽祺之說屬實。至於取義，世傳鄭玄先從張恭祖受《毛詩》，又從盧植問《魯詩》，可謂鄭用今文之學兼通魯韓之學，而《鄭箋》所釋「善女能爲君子和好眾妾之怨者」與《毛詩》異，蓋以此推知本於《魯詩》。王照圓所言甚是。

與主題相關的，還有所引詩文的作者和成詩緣由。《列女傳》中一些篇目，專門敘述了《詩經》中的一些篇目的成詩過程，但很多敘述細究起來，往往不能自圓其說，甚至與正史相違背。例如《仁智篇・許穆夫人》中載許穆夫人「馳驅而弔唁衛侯，因疾之而作」《載驅》，讚美其「慈惠而遠識」，刻畫了一個爲了解救國家奮不顧身的愛國女性形象。但《左傳・閔公二年》載衛國滅亡、許穆夫人作《載馳》的經過卻並非如此〔註 102〕。《毛詩序》也並沒有關於許穆夫人爲就國家挺身而出的描述〔註 103〕，可見《列女傳》的敘述不僅添加了大量的細節描寫，甚至改變了歷史故事的本來面目以附會其旨。王照圓對於整個故事，以及《載馳》的成詩經過，沒有作出任何評論，只是對《列女傳》中許穆夫人的身世來由作了猜測〔註 104〕。

---

〔註 100〕〔清〕陳玉樹：《毛詩異文箋》卷一，《續修四庫全書》本，經部第 74 冊，第 172 頁。

〔註 101〕〔清〕馬瑞辰著，陳金生點校：《毛詩傳箋通釋》，第 32 頁。

〔註 102〕〔漢〕鄭玄箋、〔唐〕孔穎達疏：《春秋左傳正義》，景印《十三經注疏》本，第 86 頁。《左傳・閔公二年》：「及敗，宋桓公逆諸河，宵濟。衛之遺民男女七百有三十人，益之以共、滕之民爲五千人，立戴公以廬於曹。許穆夫人作《載馳》。」

〔註 103〕〔漢〕鄭玄箋、〔唐〕孔穎達疏：《毛詩正義》，景印《十三經注疏》本，第 320 頁。《序》云：「《載馳》，許穆夫人作也。閔其宗國顛覆，自傷不能救也。衛懿公爲狄人所滅，國人分散，露於漕邑。許穆夫人閔衛之亡，傷許之小，力不能救；思歸唁其兄，又義不得，故賦是詩也。」

〔註 104〕《仁智篇・許穆夫人》後注釋：「衛懿公之女：據《左傳》，是懿公之妹，此言是其女，又言懿公不死於翟難，俱與《左傳》不合，疑亦本於《魯詩》說也。」參見〔清〕王照圓撰，虞思徵點校：《列女傳補注》，第 101 頁。

但有些篇目，王照圓也給出了自己的判斷。例如《母儀篇・齊女傅母》中引《衛風・碩人》詩，照圓注「以爲傅母作，亦《魯詩》說也」〔註105〕。《貞順篇・衛宣夫人》的注釋中，照圓以爲《邶風・柏舟》爲衛宣夫人作亦是出自《魯詩》〔註106〕。但這些論斷，照圓並未給出判斷依據。馬瑞辰在爲其《補注》所作序中提出反駁，引《韓詩》作參照，以爲「其以《式微》爲黎莊夫人作，《碩人》爲莊姜傅母作，《大車》爲息夫人作，經傳無證，不能確指爲《魯詩》之學。」〔註107〕觀點明確，論證嚴謹。雖然魯義多與韓義同，但王照圓未加考證而下定論，實乃其《補注》不足之處。

《列女傳》引《詩》問題一直是《詩經》學研究者關注的一個重點。王照圓《列女傳補注》在前人基礎上，「疏通文意，詮補舊說，而大旨了然」〔註108〕，對《列女傳》引《詩》問題多有論述。其以爲劉向世傳魯學，便將《列女傳》所引之詩悉歸爲《魯詩》，在字詞釋義上，凡與《毛詩》相異者亦歸於《魯詩》，這種觀點雖有不當之處，但王照圓的論述整體上言之有理，持之有據。在引《詩》主題、作者和成詩緣由上，尊重作者原意，專注於注釋，但也存在證據不足妄下定論之處。綜觀以上所論，王照圓《補注》中對劉向《列女傳》引《詩》問題的探討，雖有不足，但能廣泛徵引旁人之說，貫通今古文詩學，足見其治學精神之嚴謹、知識之廣博。

〔註105〕〔清〕王照圓著，虞思徵點校：《列女傳補注》，第24頁。

〔註106〕〔清〕王照圓著，虞思徵點校：《列女傳補注》，第147頁。

〔註107〕〔清〕王照圓著，虞思徵點校：《列女傳補注》，第6頁。

〔註108〕〔清〕臧庸：《拜經堂文集》卷二，《續修四庫全書》本，集部第1491冊，第534頁。

# 第三章　王照圓《列仙傳校正》

《列仙傳》是中國最早且較有系統的敘述古代漢族神仙事蹟的著作，記載了從神農至西漢成帝時期共七十一位仙家的姓名、身世和事蹟。其體例仿《列女傳》，首爲眾仙傳記，記後各有四言讚語，篇末附一總贊。《列仙傳》的作者及成書年代問題是歷代研究者關注的重點，且眾說紛紜。《隋書・經籍志》載《列仙傳》爲西漢劉向所撰，宋以前學者多贊同此說。自宋代起，在疑古風氣影響下，一些學者如陳振孫、胡應麟等對劉向著《列仙傳》提出了質疑。至清代，乾嘉學者更是從考據學入手對《列仙傳》的作者及其成書年代做出了新的解釋。今人學者如王青、陳洪等認爲《列仙傳》並非成書於一時一地一人，而是經歷了由漢至魏這一段很長的時期，在流傳中經後人不斷增飾、刪改而成。各家之說，皆有所據。

清代樸學大興，學者們將研究重點轉爲對《列仙傳》文字、章句等的校注上，先後有王照圓《列仙傳校正》、錢熙祚校正本（見《指海》）、胡珽《列仙傳校訛》、董金鑒《列仙傳校補》、孫詒讓《札迻》等著作出現，成果顯著。其中王照圓所著《列仙傳校正》（本章中簡稱《校正》）曾被丁福保贊爲「當世最善、最難得之本」〔註 1〕，對我們研究《列仙傳》具有重要的參考價值。今人王叔岷所著《列仙傳校箋》即是以王氏《列仙傳校正》爲底本對《列仙傳》加以重新箋注而成。本章旨在對王照圓《列仙傳校正》的成書、版本及其校正特點作重點評述。

---

〔註 1〕〔清〕丁福保：《道藏精華錄》，杭州：浙江古籍出版社，1989 年版，第 12 頁。（以下所引版本俱同）

# 第一節 《列仙傳校正》的成書、版本及其體例

## 一、《列仙傳校正》的成書緣由及其過程

王照圓校正《列仙傳》的原因蓋如其《敘》中所言：「余以從事《列女傳》頗涉觀覽，又恨俗本多失其眞，因旁搜唐以來類部及注家所援以校今本，大有徑庭，復從道藏本得其梗概，略加訂正，粗具本來。」〔註2〕

王照圓《列仙傳校正敘》作於嘉慶九年（1804）二月。郝懿行《曬書堂文集》卷五《老道人》一文有云：「嘉慶丙寅丁卯間，先生赴白雲觀借校《山海經》，《穆天子傳》諸書。」〔註3〕許維遹《郝蘭皋（懿行）夫婦年譜》案：「今見《山海經》、《列仙傳》初校本，確據道藏本訂正。又《列仙傳》凡引臧本云云，皆出先生手，蓋當時藏經之閣，安人不得登焉，故先生助之。」〔註4〕可知嘉慶十一年（1806）《校正》尚未脫稿。嘉慶十七年（1812）十一月，洪頤煊爲王照圓《校正》作序，文首即言：「郝蘭皋農部以德配王婉佺安人所校劉向《列仙傳》見贈，並問序於余。」〔註5〕可知此時王照圓《校正》已經完稿。

## 二、《列仙傳校正》的版本及其體例

王照圓《校正》共二卷，附《列仙傳贊》一卷。由王照圓《列仙傳校正敘》可知，王氏所用底本並非明道藏本，而是「今本」，明道藏本只是用來訂正「今本」。《校正》現有清道光間雙蓮書屋刻本，書前有洪頤煊序。王氏《校正》幸郝氏之助得以完成，全書徵引郝氏之說2則。

關於《列仙傳》的作者問題歷來受到學者們的關注，且眾說紛紜，而以劉向所作說爲居多。王照圓認爲此傳非劉向所作，而世人之所以舉以歸之，蓋是因爲劉向喜神仙之事。明道藏本有贊，並附於各傳之後，王照圓認爲是

〔註2〕韓寓群主編：《山東文獻集成》第一輯第10冊，王照圓《列仙傳校正》，第537～538頁。

〔註3〕韓寓群主編：《山東文獻集成》第二輯第48冊，郝懿行《曬書堂文集》，第641頁。

〔註4〕許維遹：《郝蘭皋（懿行）夫婦年譜》，第17頁。

〔註5〕〔清〕洪頤煊：《筠軒文鈔》卷八，《叢書集成初編》本，第133冊，第632～633頁。

仿《列女傳》而爲之，乃後世淺人所爲，不足可存，於是將贊錄出，別更爲一篇，不與本傳連綴，也未作詳解，意在存古。又將道藏本和所校底本共有的贊文一首置於贊後，是爲贊序。

## 第二節　《列仙傳校正》的文獻學價值

王照圓《校正》共二卷，書後附《列仙傳贊》一卷，曾被丁福保收入《道藏精華錄》，並被贊爲「當世最善、最難得之本」〔註6〕，可謂是極高的讚譽。郝懿行是乾嘉時期著名的訓詁大家，受丈夫的影響，王照圓在名物訓詁方面亦有不凡的造詣，其《校正》不論在校勘內容還是校勘方法上均能體現出王氏淵博的學識和紮實的文獻功底。而且《校正》對《列仙傳》的體例和人數亦有所闡發，對《列仙傳贊》的作者也有自己的獨特見解。

### 一、校勘方法多樣化

陳垣《校勘學釋例》總結出校勘四法，即對校法、他校法、本校法和理校法，甚爲簡括。王照圓在校正《列仙傳》的過程中，廣泛使用了對校法等多種校勘方法，甚至綜合了以上幾種方法進行多方論證，體現出王氏在文字、音韻、訓詁方面的不凡能力。

#### （一）對校法

《列仙傳》傳世的版本有明《道藏》本、《四庫全書》本和《叢書集成初編》三個本子。王照圓校《列仙傳》所用底本爲王氏《序》中所云「今本」，不可考。王氏校正《列仙傳》以明《道藏》本爲校本，辨僞訂訛。如其校《老子》篇「作《道德經》上下二卷」一句云：

> 明《道藏》本「經」字在「道德」之下，此誤倒耳。

校《關令伊》篇「流沙化胡，服苣勝實」一句云：

> 《藏經》本作「化明服苣勝實」，彼文「明」，此文「胡」、「勝」字俱字形之誤。《史記集解》引無「化胡」二字，「苣」作「具」，化胡者，老子有《化胡書》也。

校《呂尚》篇「尙作陰謀」一句云：

〔註6〕〔清〕丁福保：《道藏精華錄》，第12頁。

《藏經》本「尚」作「嘗」，誤。

校《邛疏》篇「能行氣練形」一句云：

「練」，《藏經》本作「鍊」。

校《王子喬》篇「見桓良曰」一句云：

「桓」，《藏經》作「栢」，誤。

正如王氏《列仙傳校正序》所云，其「旁搜唐以來類部及諸家所援以校今本，大有徑庭，復從《道藏》本得其梗概，略加訂正，粗具本來。」〔註7〕王氏以《道藏》本爲校本，糾正了今本許多訛誤，而且對《道藏》本並非不加辨識而全盤肯定，王氏嚴謹的治學原則可見一二。

### （二）他校法

陳垣《校勘學釋例・校法四則》：「他校法者，以他書校本書。凡其書有採自前人者，可以前人之書校之。有爲後人所引用者，可以後人之書校之。其史料有爲同時之書所併載者，可以同時之書校之。此等校法，範圍較廣，用力較勞，而有時非此不能證明其訛誤。」〔註8〕他校法是校勘工作中最常使用的方法之一，也是王照圓《校正》中最普遍使用的校勘方法。

這種方法的好處正如陳垣所說，校勘範圍較廣，因而所得結論更具有信服力。王氏在校正過程中廣泛徵引《藝文類聚》、《文選》、《後漢書》、《北堂書鈔》、《水經注》等古籍書目，對其中所引與今本相左之處，詳加考證。並靈活運用材料，引相符合的材料互爲佐證，對於相悖的解釋也有所保留。如其校《赤松子》篇「能入火自燒，往往至崑侖山」一句云：

《文選・遊仙詩》注引「自」作「不」，《藝文類聚・靈異部》仍引作「自」，兩引俱無「往往」二字，此衍也。

王氏對《文選》與《藝文類聚》中不相符合的部份不作定論，而引二書中一致的部份加以訂正，並得出自己的結論。

再如其校《容成公》篇「齒落更生」一句云：

《文選・遊仙詩》及《辯命論》注引「更」字俱作「復」，《後漢書・方術傳》注同。

---

〔註7〕韓寓群主編：《山東文獻集成》第一輯第10冊，王照圓《列仙傳校正》，第537～538頁。

〔註8〕陳垣：《校勘學釋例》卷六，北京：中華書局，1959年版，第146～147頁。

校《江妃二女》篇「江漢之湄」一句云：

> 《類聚》「漢」作「渚」，《書鈔》作「濱」，兩引俱無「之湄」二字。

王氏在徵引其他文獻資料校正《列仙傳》的過程中，常能通過多方考證得出十分有說服力的結論。如其校《嘯父》篇「少在西周市上補履」一句云：

> 「西」字誤。《文選・魏都賦》注引作「曲周」，而云：「曲周屬廣平郡是也。」又按《水經》「濁漳水東北過曲周縣東」注云：「嘯父在縣市補履。」可知「西」爲「曲」之誤，明也。

王氏先引《文選・魏都賦》的注文，再引《水經注》中對「曲周縣」地理方位的解釋，證明「西」字確爲「曲」字之誤，考證有理有據。

再如王氏校《桂父》篇「常服桂及葵，以龜腦和之」一句云：

> 《藝文類聚・木部》引「及葵」作「皮葉」二字，此形近之誤。《文選・吳郡都賦》注引「桂葉」，可見。又「龜腦和之」下有「顏色如童」四字，此脱去之。又「時黑時白時赤，南海人尊事之累世」一十四字在「顏色如童」句之下，亦與今本異。

此一句話中出現多處訛誤，王氏先引《藝文類聚》及《文選》證「及葵」乃「皮葉」之形誤，又補「顏色如童」等四字，並指出其中與今本相異之處。

### （三）綜合考證

由上文可知，王照圓校正《列仙傳》不是簡單地徵引其他文獻，而是綜合考證得出自己的見解，在此過程中常運用到前述多種校勘方法，使得所持依據更加詳備，所得結論更加嚴謹。如其校《商邱子胥》篇「商邱子胥，高邑人也」一句云：

> 《後漢・郡國志》：「常山國高邑，故『鄗』，光武更名。」然則高邑之名非前漢所有，此書如果劉向所著，何得高邑之稱預標於《傳》？其誣審矣。或「高邑」二字原止作「鄗」，淺人誤分爲二矣。

王氏通過「高邑」之名確定的時間推斷「高邑」二字之誤，又推測今本之誤蓋緣於淺人誤分「鄗」爲二所致，可謂有理有據。這種通過推理進行校勘的方法，大致與陳垣所說「理校法」相同，需要校勘者具有較高的文獻功底才能運用自如，足見王氏在名物訓詁方面的不凡能力。此條校正被王叔岷《列仙傳校箋》全文轉引，可見王叔岷對王照圓說法的肯定。

王氏徵引各種文獻考訂謬誤，但不是一味地引用，也常對所徵引文獻中的訛誤加以闡釋。如其校《陵陽子明》篇「好釣魚於旋谿」一句云：

> 「旋」或作「施」，字形之誤。《水經．沔水注》「旋谿水出陵陽山下」是也。《初學記．武部》正引作「旋」，《文選．遊仙詩》注又引作「延」，亦誤矣。

王氏通過《水經注》中的材料證明「旋」乃「施」之形誤，同時也指出了《初學記》與《文選》注中的錯誤，十分縝密。

王照圓《校正》廣泛徵引各種文獻資料，並通過對校、他校、理校等多種校勘方法綜合進行考訂，得出的結論具有一定的合理性，但也有一些訛誤。王叔岷以王照圓《列仙傳校正》爲底本所著《列仙傳校箋》對其中的訛誤做出了幾條更正。如王照圓校《文賓》篇「文賓者，太邱鄉人也」一句云：

> 《北堂書鈔．儀飾部》引無「鄉」字，非也。太邱爲縣，屬沛國，乃後漢明帝所改，故敬邱也。是太邱之名非前漢所有，依《地志》當爲「敬邱」耳。

王氏先以「太邱爲縣」乃後漢明帝以後之事，證《北堂書鈔．儀飾部》所引無「鄉」字之誤，又依《地志》所載，以爲「太邱」當爲「敬邱」之誤。王叔岷案：

> 《北堂書鈔百三十六．服飾部三》引此作「丘鄉人」，無「太」字，《儀飾部》未引此文，王氏失檢。《御覽六百九十八．服章部十五》引此無「鄉」字。

指出了王氏《校正》中的錯誤，但這不能否定王氏在校勘方面的能力和她所做出的努力。

## 二、校勘精審全面

王氏校正《列仙傳》，關注到了方方面面，可謂不遺餘力。

### （一）脫文

校脫文是文獻校勘中最常面臨的工作之一，亦是王照圓校正《列仙傳》所關注的重點，體現出她廣泛搜集、整合文獻並進行文字校對方面的能力。如其校《老子》篇「老子姓李名耳，字伯陽，陳人也」一句云：

《事類賦・果部》引云：「老子，母扶李樹而生老子。老子生而能言，指李樹曰『以此爲姓』。」所引疑此脱文。

再如其校《甯封子》篇「有人過之，爲其掌火，能出五色煙」一句云：

《類聚》兩引，一引「出」作「作」，一引仍作「出」，但「能」字下有「令火」二字，疑此脱。

校《蕭史》篇「居數年，吹似鳳聲」一句云：

《類聚・靈異部》及《初學記・戚部》引「年」上有「十」字，「吹」下有「蕭」字，「似」作「作」。《選》注引與今本同，此脱誤耳。

校《負局先生》篇「常負磨鏡局」一句云：

《太平御覽・服用部》及《方術部》引「負」下有「石」字，疑此脱之。

等等，體現出王氏紮實的文獻基本功和對文字的掌控能力。

## （二）衍文

校衍文也是文獻校勘工作中的重點。王氏廣泛徵引各類文獻書籍，對今本《列仙傳》中的衍文作了系統的校正。如其校《黃帝》篇「椢空無屍」一句云：

《史記・五帝紀》正義引「椢」作「棺」，無「無屍」二字，此衍。

校《鉤翼夫人》篇「右手拳屈」一句云：

《藝文類聚・居處部》引「拳」下無「屈」字，此衍。

校《王子喬》篇「鳳凰鳴」一句云：

《北堂書鈔》及《藝文類聚・樂部》、《初學記・地部》、《文選・遊仙詩》注、《北山移文》注引俱無「凰」字，此衍。

校《呼子先》篇「老壽百餘歲，臨去呼酒家老嫗曰」一句云：

《藝文類聚・山部》及《初學記・地部》引「壽」上、「嫗」上俱無「老」字，此衍。

這對後學者研究《列仙傳》具有重要的學術價值。

## （三）形近之誤

形近之誤是文獻編纂整理過程中常見的一種文字訛誤，王氏在校勘過程中或通過徵引旁類文獻資料，或通過推理，對《列仙傳》中的形近之誤作了一番訂正。如其校《葛由》篇「貴人追之」一句云：

> 《類聚》引「貴」作「遣」，此字形之誤。

校《桂父》篇「常服桂及葵，以龜腦和之」一句云：

> 《藝文類聚・木部》引「及葵」作「皮葉」二字，此形近之誤。

校《陶安公》篇「上一城邑，數萬人眾共送視之，皆與辭決云」一句云：

> 《類聚》引「城邑」上無「一」字，「萬人」下作「豫祖安送之皆辭決」，此「視」當即「祖」字之形僞耳。

校《陵陽子明》篇「好釣魚於旋谿」一句云：

> 「旋」或作「施」，字形之誤。

校《元俗》篇「父世見俗，俗形無影。王乃呼俗日中看，實無影」一句云：

> 《選》注引「世」作「甘」，蓋字形之誤。

等等，體現出王氏嚴謹的治學作風。

### （四）其他方面的訛誤

除了以上幾種主要的訛誤，王氏在校正《列仙傳》的過程中還發現了其他一些比較常見的訛誤，並進行了合理地訂正。

1. 重文

「重文」是中國古典文獻學中一個頗有爭議的概念，由東漢許慎最早提出，學界一般認爲重文即是異體字，但也有很多學者不贊同此觀點。筆者以爲王照圓筆下所謂「重文」並不涉及形體相近或是變異的問題，而僅僅指明此字當出現兩遍。如校《修羊公》篇「在華陰山上石室中」一句云：

> 《藝文類聚・山部》引「在」作「止」，無「上」字，「中」字作重文。

今本「在華陰山石室中」下連「有懸石榻」一句，若是將「中」字寫作兩遍，則兩句連起來便是「在華陰山石室中，中有懸石榻」，比原文更爲通順也更加合乎語法規範。

再如王氏校《琴高》篇「與諸弟子期日」一句云：

> 《選》注引「期」字作重文。〔註 9〕

〔註 9〕 韓寓群主編：《山東文獻集成》第一輯第 10 冊，王照圓《列仙傳校正》，第 543 頁。

校《犢子》篇「犢子牽一黃犢來過，都女悅之」一句云：

《選》注引無「牽一黃犢」四字，「都女」二字作重文。〔註 10〕

校《陶安公》篇「數行火，一旦散」一句云：

《藝文類聚・靈異部》引「火」字亦作重文。〔註 11〕

也是同樣的道理，這充分體現出王氏對語法和文字有較高的掌控能力。

2. 避諱

「避諱」一說淵源頗深，是中國封建社會特有的現象。王照圓在校正過程中敏銳地把握了這一現象，並對行文作了合理的解釋。如其校《蕭史》篇「時有簫聲而已」一句云：

《類聚》引「時」作「世」，「而已」二字作「云」字，《初學記》作「矣」字，又「宮」下無「中」字，「時」作「代」，「代」亦「時」字所改，避唐諱耳。〔註 12〕

校《昌容》篇「常山道人也」一句云：

「常山」，恒山，避漢諱也。〔註 13〕

3. 附記之誤

「附記」是指在作者正文外附帶的記述，因而在書籍整理刊印過程中常常出現訛誤，也即將附記混入正文中，造成語句的不通順，也給讀者帶來一定的閱讀困擾。王氏在校正過程中注意到了這個問題，並通過徵引其他文獻資料佐證自己的觀點。如其校《赤松子》篇「西王母室中」一句云：

《文選》謝靈運《登江中孤嶼》詩注引云：『西王母，神人名，王母在崑崙上。』此一十二字疑本校書者所附記，而《選》注誤引之也。〔註 14〕

〔註 10〕韓寓群主編：《山東文獻集成》第一輯第 10 冊，王照圓《列仙傳校正》，第 547 頁。

〔註 11〕韓寓群主編：《山東文獻集成》第一輯第 10 冊，王照圓《列仙傳校正》，第 550 頁。

〔註 12〕韓寓群主編：《山東文獻集成》第一輯第 10 冊，王照圓《列仙傳校正》，第 544 頁。

〔註 13〕韓寓群主編：《山東文獻集成》第一輯第 10 冊，王照圓《列仙傳校正》，第 548 頁。

〔註 14〕韓寓群主編：《山東文獻集成》第一輯第 10 冊，王照圓《列仙傳校正》，第 538 頁。

校《偓佺》篇「松者，簡松也」一句云：

此五字疑亦校書者所附記，《類聚》無之。〔註15〕

王氏所言雖有理，但要使結論更加可靠還需要更全面的論證。

4. 誤倒

「誤倒」是文獻撰寫、整理、謄抄、刊印過程中常出現的一種訛誤。王氏憑著對旁類文獻的掌握和對語感的把握，對《列仙傳》中出現的誤倒進行了訂正。如其校《任光》篇「間積八十九年」一句云：

當作「八九十年」，又誤倒耳。〔註16〕

校《老子》篇「作《道德經》上下二卷」一句云：

明《道藏》本「經」字在「道德」之下，此誤倒耳。〔註17〕

王氏所言簡單明瞭，並沒有給出詳細的論證過程，但仔細讀來確有一定道理。

王氏心思縝密，嚴謹治學，但在校正《列仙傳》的過程中也出現了一些疏漏，如其校《犢子》篇「少在黑山採松子茯苓，餌而服之，且數百年」一句云：

《文選·魏都賦》注引無「少在黑山」以下十七字。《太平御覽·藥部》引有之。〔註18〕

王叔岷《列仙傳校箋》中指出了其中的疏漏，並做了補充。其云：

《文選》注略引「少在黑山」下十七字，《御覽·藥部六》非僅未略，「黑山」下尚多一「上」字。〔註19〕

再如《馬師皇贊》「彌鱗銜轡」一句，王照圓校云：「『彌鱗』疑『弭鱗』之誤。」王叔岷案：「『彌鱗』猶『斂鱗』，彌、弭古今字，非誤也。」〔註20〕《馬丹贊》「從禮迅風」一句，王照圓校云：「『從禮』疑『縱體』之誤。」

---

〔註15〕韓寓群主編：《山東文獻集成》第一輯第10冊，王照圓《列仙傳校正》，第538頁。

〔註16〕韓寓群主編：《山東文獻集成》第一輯第10冊，王照圓《列仙傳校正》，第544頁。

〔註17〕韓寓群主編：《山東文獻集成》第一輯第10冊，王照圓《列仙傳校正》，第539頁。

〔註18〕韓寓群主編：《山東文獻集成》第一輯第10冊，王照圓《列仙傳校正》，第547頁。

〔註19〕王叔岷：《列仙傳校箋》，北京：中華書局，2007年版，第109～110頁。（以下所引版本俱同）

〔註20〕王叔岷：《列仙傳校箋》，第174頁。

王叔岷案：「《傳》言：『靈公欲仕之，逼不以禮，有迅風發屋，丹入迴風中而去。』蓋靈公逼不從禮，丹則從體入風而去也。『從禮』似非『縱體』之誤。」〔註21〕

總體來看，《校正》在內容上十分全面，體現出王照圓在名物訓詁、考證訂訛方面的較高能力，雖然其中也出現了一些疏漏，但不影響其作爲「當世最善、最難得之本」在中國古典文獻學研究中的重要價値。

## 三、對《列仙傳》體例和人數有所闡發

最早提及《列仙傳》人數問題的是葛洪所著《抱朴子・內篇》，以爲「其所傳《列仙傳》仙人七十有餘」〔註22〕。劉孝標注《世說新語》引用《列仙傳》時也談到：「歷觀百家之中，以相檢驗，得仙者百四十六人，其七十四人已在佛經，故撰得七十。」〔註23〕這裡的「七十」也是個約數。後來由於篇卷的分合，《列仙傳》人數也發生了改變。據陳振孫《直齋書錄解題》所載「《列仙傳》二卷，漢劉向傳。《館閣書目》三卷，六十三人。《崇文總目》作二卷，七十二人。」〔註24〕《道藏》、《四庫全書本》、《叢書集成初編本》所引的《列仙傳》均只有七十人。

首先發現《列仙傳》人數存在問題的是楊守敬，他據《太平御覽》補入西王母和馬明生二人。後來的補錄者多以爲應是七十二人。王照圓《校正》以爲七十人已非足本，分別據《廣韻》和《史記索隱》補入「羨門高」一則，據《藝文類聚》補入「劉安」一則，對於《列仙傳》的人數問題提供了新的思考。但仔細推敲可發現王氏所提供的證據並不能全然成立。先看王照圓所補入的「羨門高」一則：

「羨門高者，秦始皇使盧生求羨門子高。」〔註25〕

王照圓注云：

---

〔註21〕王叔岷：《列仙傳校箋》，第181頁。

〔註22〕〔晉〕葛洪：《抱朴子》，《叢書集成初編》本，北京：中華書局，1985年版，第123頁。

〔註23〕〔清〕余嘉錫：《世説新語箋疏》，北京：中華書局，1983年版，第247頁。

〔註24〕〔宋〕陳振孫：《直齋書錄解題》，臺北：廣文書局，1968年版，第743頁。

〔註25〕韓寓群主編：《山東文獻集成》第一輯第10冊，王照圓《列仙傳校正》，第545頁。

《史記·封禪書索隱》不云出《列仙傳》,《廣韻》「羨」字注云:「又姓,《列仙傳》有羨門高。」然則《索隱》所說即本《傳》文,但其詳不可得聞。〔註26〕

王照圓據《廣韻》注引「《列仙傳》有羨門高」,又結合《史記索隱》的原文補出這一則,王叔岷《列仙傳校箋》贊同此說,以爲「舊本《列仙傳》或有《羨門》也」〔註27〕。但是《史記索隱》曾多處引用《列仙傳》,並皆與今本合,而此處卻不云《列仙傳》有「羨門高」一傳,可見單憑《廣韻》這一記載便補入羨門高,理由不夠充分。

再來看王照圓《校正》所引入的「劉安」一則:

漢淮南王劉安(「漢」字衍,「安」下脱「者」字),言神仙黃白之事,名爲鴻寶萬畢三卷。論變化之道,於是八公乃謁王授丹經及三十六水方,俗傳安之臨仙去,餘藥器在庭中,雞犬舐之,皆得飛升。〔註28〕

王照圓注云:

《藝文類聚·靈異部》引,今據補。且上卷缺「羨門」,下卷缺「劉安」,合之正得七十二人。又按《漢書》「更生幼而讀誦淮南枕中之書,以爲奇獻之,且言黃金可成,是深慕其人,豈容不列其傳乎?然安本不道以罪伏誅,而傳以爲仙去,流俗傳訛,習非勝是,亦見其惑矣。〔註29〕

王照圓據《藝文類聚·靈異部》所引而補入「劉安」一則,實爲不妥。因爲《藝文類聚》所引《列仙傳》此文,乃是葛洪《神仙傳》之文:

漢淮南王劉安者,漢高帝之孫也,……唯安獨折節下士,篤好儒學兼占候方術,養士數千人,皆天下俊士。作《內書》二十二篇,又《中篇》八章,言神仙黃白之事,名爲《鴻寶萬華》三章,論變化之道。……時人傳八公、安臨去時,餘藥器置於庭中,雞犬舔啄之,盡得昇天。〔註30〕

〔註26〕韓寓群主編:《山東文獻集成》第一輯第10冊,王照圓《列仙傳校正》,第545頁。
〔註27〕王叔岷:《列仙傳校箋》,第98頁。
〔註28〕韓寓群主編:《山東文獻集成》第一輯第10冊,王照圓《列仙傳校正》,第552頁。
〔註29〕韓寓群主編:《山東文獻集成》第一輯第10冊,王照圓《列仙傳校正》,第552頁。
〔註30〕〔晉〕葛洪:《神仙傳》卷四,北京:中華書局,1991年版,第25~27頁。

王叔岷《列仙傳校箋》也對此提出了異議，指出王氏所補確爲葛洪《神仙傳》之文，認爲「此如爲《列仙傳》之文，自不必稱『漢』」〔註31〕，之所以出現混淆，乃《藝文類聚》誤引所致。況「劉向雖幼讀淮南王枕中之書，然淮南以罪伏誅，向豈敢爲之列傳以爲仙去邪？」〔註32〕由此可證王照圓所補「劉安」一則實誤。

此外，關於《老萊子》一傳，今本無，而《史記正義》記載此傳引自《列仙傳》，王照圓對此也提出了自己的見解。她認爲此傳與《列女傳》雖內容上不盡相同，且一個以老萊子爲主人公，一個以老萊子妻爲主人公，但故事情節基本一致，所以《史記正義》所云「《列仙》」乃《列女》之訛。此外，王照圓還根據《藝文類聚・人部》所引與老萊子相關的一則材料加以佐證：

> 老萊子孝養二親，行年七十，嬰兒自娛，著五色米，衣常取漿。上堂趺撲，因臥地而爲小兒啼，或弄鳥，鳥於親側。〔註33〕

王照圓據《藝文類聚》載此條引自《列女傳》，進一步佐證了自己的觀點。

綜上所述，王照圓關於《列仙傳》體例、人數問題的闡發，雖仍有很多缺漏和不足之處，但其對待問題不迴避，廣泛徵引其他文獻資料，往往能自圓其說，足見其求眞求實的治學精神。

〔註31〕王叔岷：《列仙傳校箋》，第168頁。
〔註32〕王叔岷：《列仙傳校箋》，第169頁。
〔註33〕韓寓群主編：《山東文獻集成》第一輯第10冊，王照圓《列仙傳校正》，第546頁。

# 第四章　王照圓《詩經》研究

在中國古代歷史長河中，各個朝代女性文人屬意詩詞的比比皆是，而熱衷於學術研究的卻寥寥可數。有清一代，樸學大興，濃厚的文化氛圍不僅促生了諸如戴震、焦循、毛奇齡等著名男性學者，也激發了一些女性文人對學術的熱愛。王照圓是清代乾嘉時期著名的女經學家，自幼習讀《詩經》，年輕時曾作《葩經小記》，可惜未能流傳下來。照圓博涉經史，尤鍾愛於《詩經》，曾不滿宋代著名理學家朱熹《詩經》注釋的晦澀而加以重注，後來整理舊稿，並同丈夫郝懿行一起研究考訂，後由郝懿行執筆，以問答的形式記錄二人對《詩經》的新解，著成《詩說》二卷、《詩問》七卷，在當時的學術界引起了廣泛關注。王照圓《詩經》學思想主要散見於郝懿行《詩說》、《詩問》等書中，冠以「瑞玉曰」等字樣。筆者將其逐條從二書中整理出來，並對其注釋特點及其不足作了詳細論證。

## 第一節　清代乾嘉《詩經》學發展概況

《詩經》作爲我國第一部詩歌總集，自漢代被尊爲儒家經典，受到歷代學者的青睞，研究著述可謂汗牛充棟。自明代中後期開始，文學復古思潮翻湧而來，《詩經》宋學一統天下的局面被打破，由此引發了漢學的再次振興，爲《詩經》學研究注入了新的活力。加之統治階級的支持，大量的官修文獻工程得以展開，形成了良好的學術氛圍。至乾隆中葉，統治者對士人思想的鉗制日益嚴酷，大興文字獄，使得士子將全幅精力投入到紙故之間，盛極一時的考據學派就此形成。宋學式微，考據學興這一大背景之下，清代乾嘉《詩經》學呈現出一些新的特徵。

據蔣秋華、王清信所著《清代詩經著述現存版本目錄初稿》可將現今可查的清代中期《詩經》類作品分爲四類，其中傳說類（也可稱爲經解類）作品約二十八部，文字音樂類約七部，博物類約十五部，三家詩研究類約十部。由不同類型作品的數量可以看出，傳說類作品的數量雖然最多，但相比以往來說則明顯呈現出減少的趨勢，而側重於名物訓詁類的作品卻大幅上升，由此我們可以看出清代中期《詩經》學研究的側重點呈現出一定的轉變：一、考據、訓詁類的研究數量增多，經解傳說類的研究相對減少；二、在二十八部傳說類的作品中，研究《毛詩》的占較大比重，而且三家詩類的研究數量也上升，這說明乾嘉《詩經》學者將《毛詩》作爲主要研究對象，與之相應的便是以《毛詩序》爲尊，但同時也兼顧對三家詩的研究。此外，考據學的興盛和對漢學的推崇，使得乾嘉時期還出現了很多專注於《詩經》文學詮釋的作品，這些作品從詩歌文本出發，通過考證以尋求詩意，可以說是對當時《詩經》訓詁考據派的突圍。筆者將從以上三個方面對清代乾嘉時期《詩經》學研究情況作簡要介紹。

## 一、論《詩》尊漢學，主《毛詩序》

清末著名學者皮錫瑞在《經學歷史》中提到：「國朝經學凡三變。國初，漢學方萌芽，皆以宋學爲根柢，不分門戶，各取所長，是爲漢、宋兼採之學。乾隆以後，許、鄭之學大明，治宋學者已尟，說經者皆主實證，不空談義理，是爲專門漢學。嘉、道以後，又由許、鄭之學導源而上。」〔註 1〕大致概括了清代《詩經》學的發展脈絡，也闡明了漢、宋兩家在有清一代此消彼長的發展情況。

受政治局勢和學術自身發展兩方面的影響，乾嘉以後的《詩經》學研究者大致尊奉漢學，將《毛詩》作爲主要的研究對象，湧現了一大批如戴震的《毛詩補傳》、惠棟的《毛詩古義》、馬瑞辰的《毛詩傳箋通釋》、胡承珙的《毛詩後箋》、段玉裁的《毛詩故訓傳》和陳奐的《詩毛氏傳疏》等作品，一時間蔚然成風。但要說明的一點是，這一時期所謂的《詩經》漢學已經不同於漢唐時期的「漢學」，而是在原有的基礎上加入了更多訓詁、考證、輯佚和辨僞等因素，使得研究範圍更加廣泛，對詩句和題旨的理解也更加深刻，名爲復

〔註 1〕〔清〕皮錫瑞：《經學歷史》，北京：中華書局，1963 年版，第 341 頁。

古實爲創新。夏傳才在《詩經研究史綱要》中提出「《詩經》新漢學」的概念，洪湛侯在《詩經學史》中提出「《詩經》清學」的概念，都是對這一時期《詩經》漢學的一種新的定位。

漢學、宋學各有利弊，乾嘉時期《詩經》研究者雖然多尊「漢學」，但對於宋學並非一概摒棄。有些學者不拘泥於門戶之見，存漢學之訓詁、考據，兼顧宋學之精研義理，往往能夠匯眾說以成己見。王照圓便是站在漢宋兼採的立場上讀《經》、解《經》，這將在後面進行專門論述。

因爲對《毛詩》的關注，這一時期的學者論詩多主《毛詩序》，往往先入爲主，然後再引經據典、釋詞詮字以顯大義。如戴震在《毛詩補傳序》中說到：「余私謂《詩》之辭不可知矣，得其志則可通乎其辭。」〔註 2〕然而這一時期的學者雖然多尊漢學，注重對《毛詩》的研究，但並沒有廢棄對三家詩的研究，也湧現了諸如阮元的《三家詩補遺》、馮登府的《三家詩遺說》、王先謙《詩三家義集疏》等著作，並取得了一定的成就。

## 二、重考據、訓詁，反對空疏解經

受漢學的影響，乾嘉學派學者最主要的治學方式是字詞訓詁、名物考證和典章考訂等，反對宋學家空疏解經，如皖派代表人物戴震在《與是仲明論學書》中指出：「所以明道者，其詞也。所以成詞者，字也。由字以通其詞，由詞以通其道。」〔註 3〕阮元在《馮柳東三家詩異文疏證序》中反覆申說經訓詁而通經義：「古今義理之學，必自訓詁始。」〔註 4〕「聖賢之言，不但深遠者非訓詁不明，即淺近者亦非訓詁不明也。」〔註 5〕焦循更是主張「訓詁之不明，則詩辭不可解，必通其辭而詩人之旨可繹而思也。」〔註 6〕可以說代表了乾嘉學派《詩經》學研究者的主要觀點。

---

〔註 2〕〔清〕戴震：《毛詩補傳》，張岱年主編《戴震全書》（一），合肥：黃山書社，1994 年版，第 125 頁。

〔註 3〕〔清〕戴震：《戴東原集》卷九，《續修四庫全書》本，集部第 1434 冊，第 520 頁。

〔註 4〕〔清〕阮元：《揅經室續集》卷一，《續修四庫全書》本，集部第 1478 冊，第 558 頁。

〔註 5〕〔清〕阮元：《揅經室集》，《續修四庫全書》本，集部第 1478 冊，第 527 頁。

〔註 6〕〔清〕焦循：《毛詩補疏》，《續修四庫全書》本，經部第 65 冊，第 395 頁。

具體到《詩經》學領域，這一時期在考據方面具有代表性的作品有惠棟的《毛詩古義》、戴震的《毛鄭詩考證》等等，道光年間出現的諸如馬瑞辰的《毛詩傳箋通釋》、胡承珙的《毛詩後箋》和陳奐的《詩毛氏傳疏》等三部作品，被梁啓超稱爲清代《詩經》訓詁「三部名著」，也可以說承接了乾嘉學派的餘緒。而經解類的著作僅有焦循的《毛詩補疏》、郝懿行的（與王照圓合著）《詩問》等幾部作品，可謂寥寥。由此可見，乾嘉學派重考據、尚學問的風氣對清代中後期《詩經》學研究的影響是十分深遠的。

## 三、以文學說《詩》，注重《詩經》的文學闡釋

考證學的興盛和對漢學的推崇，也影響了乾嘉時期《詩經》學在文學詮釋方面的發展。《四庫全書總目》關於《詩經》學的擇錄標準爲「尊漢學者居多」〔註 7〕，並且輕視非說經類的作品。因此有學者認爲，《四庫全書總目》的擇錄標準，代表了官方意識形態，其推崇訓詁考據，同時又貶斥以文學說《詩》，使得「《詩經》的文學研究及對詩旨的探索卻戛然而止。……《詩經》所具有的根本特性即文學性卻被抹殺，詩旨的分析局限於《毛詩序》而不能得出正確的結論。自王夫之以文學說《詩》的大旗被《總目》斬斷後，到清末才出了幾個力圖擺脫經學，堅持以文學說《詩》的方玉潤。」〔註 8〕

《四庫全書總目》對《詩經》類作品的取捨偏向確實影響了此後《詩經》學在文學詮釋方面的發展，但事實並非是直到清末方玉潤時，重視闡釋詩旨和以文學說《詩》的傳統才得以復興。正如李兆祿《清前中期〈詩經〉文學詮釋史論》所說：「就詩旨闡發而言，嘉慶時期的牟應震、牟庭、郝懿行、崔述等依據文本頗能正確尋得詩旨；就以文學說《詩》而言，這一時期《詩經》文學評點再度興盛，一些著名文論家的《詩經》文學詮釋也成績斐然，引人矚目。」〔註 9〕這些學者追求《詩經》的文學詮釋，努力還原詩旨，但並非完全排斥訓詁、考據的方法，而是希望通過一種基於文本解讀的方式去捕捉詩

〔註 7〕《四庫全書》研究所整理：《欽定四庫全書總目》卷十五，北京：中華書局，1997 年版，第 186 頁。

〔註 8〕何海燕：《從〈四庫全書總目〉看清初〈詩經〉研究之狀況——兼談〈總目〉治〈詩〉思想對清中後期〈詩經〉研究的影響，《湖北大學學報（哲學社會科學版）》，2005 年第 3 期。

〔註 9〕李兆祿：《清前中期〈詩經〉文學詮釋史論》，山東師範大學博士學位論文，2009 年。

歌的本義，這在很大程度上也需要借助訓詁和考據。正如張敘所云：「《詩》之用，其神矣乎！顧其體，主於詠歌，非如他經之顯唱而直書，則其情每有溢於篇章字句之外者，徒以訓詁求之不得也，專以義理求之亦不得也。」〔註10〕因而他主張「詩言情」，進而提倡「以情求情」的《詩經》詮釋方法。阮元也認為《三百篇》不必作經讀，只以讀古詩、樂府之法讀之，也足陶冶性靈，牟應震也曾提出「以詩還詩」的觀點，可見在考據學派興盛的乾嘉時期，學者們並非一味鑽進故紙堆，執著於訓詁考據，也有一些能夠借助訓詁考據進一步研究《詩經》文本，還原詩歌本義。

## 第二節　王照圓《詩經》注釋的特點

王照圓少年時讀詩頗有心得，曾著《葩經小記》，惜未能流傳下來，其《詩經》學思想主要體現在《詩問》、《詩說》兩部著作中。

《詩問》共七卷，主要記錄郝懿行與王照圓夫婦閒居時關於《詩經》各篇的問答之辭，間採友人牟庭《詩意》中的觀點，採取逐章分析的注釋體式，篇末附以總評。卷首有郝懿行乾隆五十九年（1794）序，篇末又附王照圓《葩經小記》自敘。據郝氏《序》中所云「自從發願以至今日，餘七年所，乃得粗有所就」〔註11〕，可知《詩問》始撰於乾隆五十二年（1787）前後。《詩問》一書多次稱引王照圓關於《詩經》的觀點，又或以發問的形式提出，常冠以「瑞玉曰」、「瑞玉問」等字樣，全書凡 433 則，是研究王照圓《詩經》學思想的主要參考文獻。

《詩說》共二卷，主要記錄郝懿行夫婦二人對《詩經》學相關問題的考辯。篇幅雖遠不及《詩問》，但《詩說》打破了逐章注釋的傳統體式，採用漫談的體式，多對詩文進行賞析，與《詩問》相互發明。稱引王氏觀點時亦冠以「瑞玉曰」、「瑞玉問」、「瑞玉論」等字樣，全書凡 55 則，是我們研究王照圓《詩經》學思想的另一部重要著作。

《詩問》、《詩說》二書均於光緒八年（1882）經郝聯薇等人校對、刊印，收入《郝氏遺書》中。《續修四庫全書》和《山東文獻集成》均據此版影印，

〔註10〕〔清〕張敘：《詩貫》，《四庫全書存目叢書》，經部第 78 冊，濟南：齊魯書社，1997 年版，第 4 頁。

〔註11〕韓寓群主編：《山東文獻集成》第二輯第 47 冊，郝懿行《詩問》，第 222 頁。

此外還有山東大學古籍所整理標點本，收入安作璋主編《郝懿行集》中。本文主要以《山東文獻集成》收錄《郝氏遺書》本爲主進行整理與研究。

關於《詩問》、《詩說》的作者問題，學術界歷來有所爭議，主要有三種觀點：郝懿行著，王照圓著，郝懿行與王照圓合著。學界持第一種觀點的人居多，筆者亦贊同。據郝懿行《詩問序》中「余與瑞玉閒居問答之語」及書中所云「瑞玉曰」、「瑞玉問」等語，可知全書是以郝懿行的口吻進行撰述的。從全書看來，郝氏言論占絕大部份，可以斷定此書爲郝懿行著無疑。後人之所以誤以爲此書爲王照圓著或郝王夫婦二人同著，蓋源於光緒七年（1881）順天府尹畢道遠、周家楣上奏慈禧太后與光緒帝請予刊行郝氏著作的奏摺：

> 臣等所屬東路同知道員用候補知府郝聯薇，係前户部主事郝懿行之孫。茲復據郝聯薇將其祖……郝懿行所著《易說》十二卷一函，《書說》二卷一函，《郝氏禮記箋》四十九卷一函；其祖母……王照圓所著《詩說》二卷一函，《詩問》七卷一函，《列女傳補注》八卷、《女錄》一卷、《女校》一卷共一函，敬謹繕寫裝訂，稟請恭代呈進。〔註12〕

此後，不斷有學者混淆《詩問》、《詩說》的作者。舉《清史稿》中的記載爲例。如《儒林傳·郝懿行傳》載：「懿行妻王照圓……著有《詩說》一卷，《列女傳補注》八卷，附《女錄》一卷、《女校》一卷。又與懿行以詩答問，懿行錄之爲《詩問》七卷。」〔註13〕誤認爲《詩說》爲王照圓所著。《志·藝文一》又載：「《詩經補遺》一卷，郝懿行撰。《詩說》二卷，《詩問》二卷，郝懿行妻王照圓撰。」〔註14〕又誤認爲二書均爲王照圓所著。而《列女傳》記載：「照圓尤喜言詩，著《葩經小記》書未成。懿行撰《詩問》，謂與照圓相問答，條其餘義，別爲《詩說》，皆採照圓說爲多。光緒間，其孫聯薇以書進，因誤爲照圓著云。」〔註15〕這裡將二書歸於郝氏，並指出混淆的原因，筆者以爲較爲合理，而《清史稿》之所以會有三種不同的觀點，蓋因其出自多人之手所致，而這也從另一方面反映出學術界對於《詩問》、《詩說》作者問題的爭議。

---

〔註12〕韓寓群主編：《山東文獻集成》第二輯第47冊，郝懿行《詩問》，第210頁。
〔註13〕〔民國〕趙爾巽等：《清史稿》卷四八二，第13245～13246頁。
〔註14〕〔民國〕趙爾巽等：《清史稿》卷一四五，第4231頁。
〔註15〕〔民國〕趙爾巽等：《清史稿》卷五〇八，第14052頁。

綜觀《詩問》、《詩說》二書，主要記錄郝氏夫婦二人問答之語，雖然以郝懿行的口吻進行敘述，並由郝氏最終整理而成並作序，但全篇包含大量王照圓的思想見解，對於研究王照圓的《詩經》學思想具有主要的價値。

## 一、以經爲本，探討《詩》義的「說詩」原則

在郝懿行看來，《詩問》、《詩說》乃「余與瑞玉閒居答問之語，非注詩也」〔註16〕，並非一般意義上的訓詁考據之作。王照圓說《詩》大抵以《經》爲本，從文本出發探討經義，匡正前人舊說中的謬誤。其說《詩》原則正如郝懿行《詩問序》中所言：「大抵窮《經》，以《經》爲主，寧可捨《傳》以就《經》，毋寧屈《經》而申《傳》也。」〔註17〕郝氏也曾論其二人說《詩》常不須箋注，只反覆讀之，自有益處。郝氏夫婦二人說《詩》以《經》爲本，不爲箋注所拘，亦不泥於門派之見，誦讀詩篇之間頗能獨出機杼，也十分重視對詩作的文學性的挖掘，可以說是對當下訓詁考據學的一種突圍。

### （一）以《經》爲本，漢宋兼採

郝懿行於《詩說》、《詩問》中常提及王照圓「喜《序》說」，二人也多次在書中探討《毛詩序》的觀點。王照圓對於《毛詩序》的態度較爲謹愼，不盡宗亦不盡廢，而是從《經》義出發做出判斷，並每每雜以己見。

《毛詩序》云《靜女》刺時，《詩說》載王照圓論《靜女》詩序最有味，其曰：「思靜女者，思其幽閒之德，以禮進見於君。彤管，取其有禮法也。歸荑，取其奉祭祀也。當時實無此女，有則可以配人君爾。」〔註18〕《詩說》載王照圓論《鄭風》中的《遵大路》、《有女同車》二詩皆宜主《毛詩序》，而《有女同車》序尤確。並言：「《遵大路》，思君子也。《有女同車》，刺忽也，忽不婚於齊也。」〔註19〕與《毛詩序》觀點相同。但接下來王照圓又提出了自己的疑惑，其云：

---

〔註16〕韓寓群主編：《山東文獻集成》第二輯第47冊，郝懿行《詩問》，第222頁。

〔註17〕韓寓群主編：《山東文獻集成》第二輯第47冊，郝懿行《詩問》，第222頁。

〔註18〕韓寓群主編：《山東文獻集成》第二輯第47冊，郝懿行《詩問》，第235～236頁。

〔註19〕韓寓群主編：《山東文獻集成》第二輯第46冊，郝懿行《詩說》，第759～760頁。

《有女同車》序固確，然「孟姜」二字可疑，嘗考齊僖公二女，長曰宣姜，次即文姜。據《左傳》齊侯欲以文姜妻忽，而忽辭，及後又請妻之，則其詩文姜已婚於魯矣。詩中孟姜不知果何所指。且詩言德音不忘，《序》亦曰「齊女賢」，則宣姜、文姜俱不足以當之，而二姜之外不聞僖公復有他女也。假若有之，其不得稱孟姜亦明矣。〔註20〕

可見，王照圓對《毛詩序》並不是一味地推崇，而是基於對詩歌文本的分析做出自己的判斷。再如，王照圓論《陳風・東門之池》的主旨時云：

此男女婚姻之正也。時有親迎者，故詩人因所見以起興，與《桃夭》詩同。《東門之池》親迎所經也，「漚麻」記見也。「淑姬」，猶淑女，可與晤歌，猶言「令德來教」也。反覆玩味，但有夫婦之意而無淫狎之情，且漚麻必須漸漬，久而後成，以喻夫婦尤切。若淫奔者倉猝聚會，竊恐未易言此也。〔註21〕

王氏以爲此篇乃單純歌頌男女婚姻之正的詩歌，並未見諷刺男女淫奔之意，而「小序以爲刺詩，如《靜女》之類，亦不見所據。」〔註22〕《小雅・瞻彼洛矣》篇，《毛詩序》云：「刺幽王也，思古明王能爵命諸侯，賞善懲惡焉。」〔註23〕而王氏則曰：「此《序》非也，疑美宣王之詩，與《車攻》、《吉日》等篇風味頗似。」〔註24〕《周南・卷耳》篇，《毛詩序》以爲后妃思文王，而王氏卻認爲：「若爲后妃思文王，當在囚羑里時，作者其有憂患乎？然攜筐採菜、策馬登山，誰云后妃而有是事？雖假言之，不似也。云求賢審官，知臣之下勤勞，亦未安。」〔註25〕《齊風・著》篇，《毛詩序》云：「著，刺時也。時不親迎也。」〔註26〕而王照圓卻從《經》文本出發，認爲「未見刺不親迎意」〔註27〕。《周頌・潛》篇，王氏更是直接指明：「《經》言『潛有多魚』，魚冬乃潛，《序》云春獻鮪，誤矣。」〔註28〕

〔註20〕韓寓群主編：《山東文獻集成》第二輯第46冊，郝懿行《詩説》，第759～760頁。

〔註21〕韓寓群主編：《山東文獻集成》第二輯第46冊，郝懿行《詩説》，第764頁。

〔註22〕韓寓群主編：《山東文獻集成》第二輯第46冊，郝懿行《詩説》，第764頁。

〔註23〕〔漢〕鄭玄箋，〔唐〕孔穎達疏：《毛詩正義》卷十四，第211頁。

〔註24〕〔漢〕鄭玄箋，〔唐〕孔穎達疏：《毛詩正義》卷十四，第795頁。

〔註25〕韓寓群主編：《山東文獻集成》第二輯第47冊，郝懿行《詩問》，第214頁。

〔註26〕〔漢〕鄭玄箋，〔唐〕孔穎達疏：《毛詩正義》卷五，第81頁。

〔註27〕韓寓群主編：《山東文獻集成》第二輯第47冊，郝懿行《詩問》，第263頁。

〔註28〕韓寓群主編：《山東文獻集成》第二輯第47冊，郝懿行《詩問》，第414～415頁。

王照圓論詩，往往跳出尊漢與尊宋的藩籬，以《詩》論《詩》，既有以《經》爲據駁斥朱熹《集傳》者，又有肯定朱子觀點之處，可謂漢宋兼採，不加偏廢。這對考據學斤斤於章句訓詁、淡化對《詩》本意的探求是一次有力的反撥。

如《小雅・菁菁者莪》篇，《毛詩序》云：「樂育才也。君子能長育人才，則天下喜樂之矣。」〔註29〕朱熹《詩集傳》則批評《毛詩序》「全失詩意」，認爲「此亦燕飲賓客之詩」〔註30〕。而王照圓通過分析《經》文得出「詩亦無燕饗意，《序》說是」〔註31〕的結論，批駁了朱子的觀點。再如《王風・丘中有麻》篇，《毛詩序》云思賢也。朱熹在《詩集傳》中力排眾議，認爲此篇是刻畫「婦人望其所與私者而不來」〔註32〕的焦急心情的情詩。而王照圓則曰：

> 人情好賢，經時輒思，每見新物則一憶之。有麻，秋時。有麥，夏時。無時不思也。麻麥，穀也，李果也，無物不思也。〔註33〕

肯定了《毛詩序》，駁斥了朱熹的觀點。再如《小雅・魚麗》篇，《毛詩序》云：「美萬物盛多能備禮也。」而朱熹《詩集傳》稱其「燕饗賓客上下通用之樂」，對於《南山有臺》、《菁菁者莪》等詩也發表了同樣的議論。王氏從文本出發研讀詩意，認爲：「若作燕饗詩，則全是侈陳口腹殽饌，且《經》自言魚麗於罶，明是生魚，何關燕饗？」。

王照圓對朱子之說並不是一概摒棄。如王氏在與郝氏論《豳風・破斧》篇時，郝氏問：

> 《毛傳》四國是管、蔡、商、奄，於時事較切，朱子改爲四方之國，卻似說開了如何？〔註34〕

王氏答曰：

> 四國解作四方，義理較闊大，如古注反說小了，且「東征」二字即指「管、蔡、商、奄」，何須復言四國乎？古人文字定無如此複沓者。〔註35〕

---

〔註29〕〔漢〕鄭玄箋，〔唐〕孔穎達疏：《毛詩正義》卷十一，第154頁。

〔註30〕〔南宋〕朱熹集注：《詩集傳》，北京：中華書局，1958年版，第113～114頁。（以下所引版本俱同）

〔註31〕韓寓群主編：《山東文獻集成》第二輯第47冊，郝懿行《詩問》，第308頁。

〔註32〕〔南宋〕朱熹集注：《詩集傳》，第47頁。

〔註33〕韓寓群主編：《山東文獻集成》第二輯第47冊，郝懿行《詩問》，第254頁。

〔註34〕韓寓群主編：《山東文獻集成》第二輯第46冊，郝懿行《詩説》，第770頁。

〔註35〕韓寓群主編：《山東文獻集成》第二輯第46冊，郝懿行《詩説》，第770頁。

從義理和語言兩方面肯定了朱熹的觀點。總之，王氏論詩皆從《經》文出發，對於漢宋諸家之言可謂兼采其長，不加偏廢。

### （二）以經爲本，匡正前代謬說舊誤

王照圓論《詩》從文本出發，兼採漢宋，往往得出的結論更貼近於《詩經》所創作的時代生活，更加接近《詩經》原義，因此常常以此來匡正前代謬說舊誤。

如夫妻二人在討論《召南・行露》篇時，王氏問曰：

> 《序》云：召伯聽訟也。又云：強暴之男不能侵凌貞女。《箋》謂：六禮之來，強委之。《疏》謂：經三章，首言所以有訟，下二章陳男女對訟之辭。審如所言，強委禽陵（侵凌）貞女，是乃大亂之道，文王爲君，召伯聽訟，寧宜有此！〔註36〕

王氏以爲「強委侵凌貞女」這樣「大亂不道」的事情不應該發生在「文王爲君，召伯聽訟」的清明盛世，其質疑精神十分可貴。再如《邶風・新臺》篇，《毛詩序》云刺衛宣公，王氏曰：「《經》皆刺宣公，如《箋》說乃刺宣姜矣，非序意也，故正之。」〔註37〕王照圓根據《經》義，否定並更正了鄭《箋》的觀點。再如王氏釋《鄘風・載馳》篇「女子善懷」一句時，力排前人諸說，認爲「女子陰性閉固，有感則懷，沈綿不解，故曰善懷，猶『工欲善其事』之善，古注云多懷，非也。」〔註38〕王氏從女性特有的生理和心理特徵出發，對詩句做出了更加貼切的解釋。

再如王氏釋《豳風・七月》「條桑」一詞曰：

> 條桑，即柔桑也。蠶初生食少，故用條桑，取葉存條也。三眠食盛，故伐遠揚枝落之也。女桑，荑桑也，即條桑之萌櫱。蠶三眠，凡生三駒。先生者成繭，皆及其母。後者作繭薄不能食大葉，故飼以女桑。猗者，新葉猗猗然。凡三節事，古注都欲一之，誤爾。〔註39〕

---

〔註36〕韓寓群主編：《山東文獻集成》第二輯第47冊，郝懿行《詩問》，第220頁。

〔註37〕韓寓群主編：《山東文獻集成》第二輯第47冊，郝懿行《詩問》，第236頁。

〔註38〕韓寓群主編：《山東文獻集成》第二輯第47冊，郝懿行《詩問》，第241～242頁。

〔註39〕韓寓群主編：《山東文獻集成》第二輯第47冊，郝懿行《詩問》，第289頁。

王氏認為蠶三眠為三個不同階段，古注一以注之，實為不當。再如《小雅·采薇》篇，郝氏問前三章同以采薇記候，為何有「止柔」、「止剛」、「止異」的區別？是否如鄭《箋》所說首章言先輩行，二章為中輩，三章為後輩？王氏答曰：

> 出當同時，不合先後，以《經》考之，薇作方啓行，薇柔則在塗，薇剛已至戍所。知然者，薇始生當在二月。柔則肥軟，剛少堅韌，當在二月末三月中。以末章言楊柳依依，知薇剛之時已到戍所也。〔註40〕

王照圓反駁了鄭《箋》中關於長幼有序的觀點，而是從《經》文出發分析詩歌，認為不分長幼皆同時出行，作「止柔」、「止剛」、「止異」者只是時候不同罷了。《唐風·有杕之杜》篇，《毛詩序》云：「刺晉武公也。武公寡特，兼其宗族，而不求賢以自輔焉。」〔註41〕孔穎達曰：「寡特者，言武公專任己身，不與賢人圖事，孤寡特立也。」〔註42〕王氏大膽提出了自己的質疑：

> 《序》言刺晉武公寡特，不求賢自輔，恐未安。《經》言道左、道周，隱僻之喻。武公據有晉國，地非隱僻。倘與眾盛，何言寡特？〔註43〕

再如釋《小雅·六月》篇「薄伐玁狁，至於大原」時，王氏不僅提出了自己的疑惑：

> 至於大原，《傳》云逐出之而已，非也。玁狁深入內地，不大懲創，彼寧知懼？但逐出境，示之弱也，後不復來乎？〔註44〕

並大膽指出：

> 大原，一名大鹵，當是彼國衝要，故俗有大鹵之名。吉甫欲大創之，故窮追至此，如《毛傳》所言，恐直書生之見爾。〔註45〕

同篇「吉甫燕喜，既多受祉。來歸自鎬，我行永久。飲御諸友，炰鱉膾鯉。侯誰在矣？張仲孝友。」一句，王氏釋曰：

---

〔註40〕韓寓群主編：《山東文獻集成》第二輯第47冊，郝懿行《詩問》，第302頁。
〔註41〕〔漢〕鄭玄箋，〔唐〕孔穎達疏：《毛詩正義》卷六，第98頁。
〔註42〕〔漢〕鄭玄箋，〔唐〕孔穎達疏：《毛詩正義》卷六，第98頁。
〔註43〕韓寓群主編：《山東文獻集成》第二輯第47冊，郝懿行《詩問》，第275頁。
〔註44〕韓寓群主編：《山東文獻集成》第二輯第47冊，郝懿行《詩問》，第309頁。
〔註45〕韓寓群主編：《山東文獻集成》第二輯第47冊，郝懿行《詩問》，第309頁。

燕喜，天子燕而喜之，慶賞遂行，故多受福祉。因自鎬京來歸私邑，語家人，我此行永久矣。於是諸友來賀，御進飲饌，話敍闊別。吉甫盛夏出師，歸時當在秋冬，古者大寒降，取名魚登川禽。《經》言「炰鱉膾鯉」，古人燕饗用物，必順時也。又曰諸友偏舉張仲，又獨稱孝友，美吉甫能全忠孝也。言不虛此燕會。〔註 46〕

王氏此解受到了郝懿行的高度評價，郝氏云：「首二語王燕下是吉甫私燕，舊注失之。又劉向云千里之鎬，猶以爲遠舊注，因謂鎬非鎬京，皆失《經》義。瑞玉此說足正古今之誤。」〔註 47〕

## 二、閒居問答式的獨特形式

在傳統文獻注釋體系中，以問答體書寫的著作並不多見。就《詩經》而言，最早可以追溯到南宋輔廣所著的《詩童子問》。輔廣先後從呂祖謙、朱熹遊，此書大旨在於附會朱熹《詩集傳》中的觀點，因而頗有刻意而爲、墨守門戶之見的弊病，雖名答問卻無學術爭鳴的意味。郝氏夫婦同著的《詩問》、《詩說》二書則純爲二人閒居問答之語的摘錄，也可以看作二人《詩經》學問題研討的實錄。

《詩說》、《詩問》二書中有很多種問答形式，有「余（即郝懿行）問——瑞玉答」式，如釋《豳風・東山》篇：

余問：「征夫于役，室中豈無他人，何至如次章所云滿目荒涼若冥，其無人者乎？」瑞玉答曰：「此實錄也。試思自伯之東，感飛蓬而獨居，卻膏沐而不樂，草不除，故果臝之實施於宇矣，室不掃，故伊威在室矣。户長扃，故蠨蛸在户矣。町畽鹿場，則人物雜居，熠燿宵行則流光自照，反覆寫來，眞覺陰森可畏，幽怨動人，後世閨情之作，雖極意臨摹，相去何啻倍蓰。」〔註 48〕

夫婦二人討論詩句，提問者其實便是讀經者，回答者便是注經者。王照圓爲郝懿行勾畫出一副「陰森可畏，幽怨動人」的情景，以此來回答丈夫的提問，也爲讀者可能在這裡出現的疑惑提供了思路。從學說接受理論的角度來講，問答體注釋可以將注經者與讀經者之間可能出現的交流融入到經說本身，突

〔註 46〕韓寓群主編：《山東文獻集成》第二輯第 47 冊，郝懿行《詩問》，第 310 頁。
〔註 47〕韓寓群主編：《山東文獻集成》第二輯第 47 冊，郝懿行《詩問》，第 310 頁。
〔註 48〕韓寓群主編：《山東文獻集成》第二輯第 46 冊，郝懿行《詩說》，第 768 頁。

破了傳統的灌輸性的注經方式，並能將注者和讀者同時置於詩句所呈現的某個時空情境中，更增強讀者對詩歌的感悟。問答體注釋的優勢也即在此。

再如釋《鄭風・將仲子》篇：

余問：「里、牆、園有何意？」瑞玉曰：「里，較遠也，喻無洩於國也。洩於國，父母知之，將讁我。母，謂武姜也。」

又曰：「牆，稍近，喻無洩於朝也。洩於朝，諸大夫知之，將議我，諸兄，公族也。」

又曰：「園尤深，隱喻無洩於後宮也。洩於後宮，左右之人將漏言於外，謀敗矣。人謂今臣也。」〔註 49〕

王氏認爲此篇通作隱語，「篇內通作隱語，假莊公戒仲之辭。『無踰我里』，喻無談我家事也。『無折我樹杞』，喻無勸我除段也。」〔註 50〕而里、牆、園由近到遠，分別比喻家、朝廷、後宮三個場所，人言之畏層層遞進。王氏的解釋可謂立足文本，合情合理，使人彷彿置身其中。

再如釋《鄭風・豐》篇：

余問：「若謂男行而女不隨，《經》當云『悔予不從』，何云不送？迎己者一而已。叔則非伯，伯即非叔，抑二人與？」瑞玉曰：「女之父母辭也。時有不備禮而迎者，父母不肯遣女，既悔而遣之，得禮之變矣。詩人述其事，爲之辭。」〔註 51〕

王氏也是通過描繪故事場景來回答丈夫的疑惑。

《詩問》、《詩說》中還有「瑞玉問——余答」式，和上面所提到的「余問——瑞玉答」式共同構成了二書主要的問答模式。如釋《衛風・氓》篇：

瑞玉問：「奔豈有媒？復約秋期，寧由媒說也？」余曰：「男女約昏，必先有行媒，議未成，男子遂假貿絲自來誘之，女怨男言前者子用媒不良，令我衍期不時歸，男答言請子無怒，至秋當復來與子謂後期。」〔註 52〕

王氏說《經》素來崇禮，對私奔之人豈能有媒一事頗感疑惑，郝氏則從男女約婚、未成而後假貿絲以相誘、以秋爲期這樣一個過程爲我們做出了一個既合情又合禮法的解釋。

〔註 49〕韓寓群主編：《山東文獻集成》第二輯第 47 冊，郝懿行《詩問》，第 254 頁。
〔註 50〕韓寓群主編：《山東文獻集成》第二輯第 47 冊，郝懿行《詩問》，第 254 頁。
〔註 51〕韓寓群主編：《山東文獻集成》第二輯第 47 冊，郝懿行《詩問》，第 259 頁。
〔註 52〕韓寓群主編：《山東文獻集成》第二輯第 47 冊，郝懿行《詩問》，第 244 頁。

郝氏夫婦二人閒居問答體說詩的另一大優點在於能夠很大程度上還原二人說詩的現場，使得讀經者能夠切實把握經說形成的脈絡。二人說《詩》，往往數問數答，提問者追根究底，回答者亦不厭其煩，便形成了「余問——瑞玉答——余再問——瑞玉再答」的形式。如二人釋《豳風‧七月》篇「女執懿筐，遵彼微行，爰求柔桑。春日遲遲，采蘩祁祁」，郝氏問：

「微行」，《傳》云：「牆下徑。」

王氏答曰：

野中亦有小徑。

郝氏復問：

遵小徑以女步遲，取近耶？

王氏復答曰：

女子避人爾。〔註53〕

釋《七月》第四章末，郝氏問：

《豳風》記月，文不虛設，秀葽鳴蜩春庚秋蟋之類，亦復何與農桑事？〔註54〕

王氏又曰：

月以記時，時以作事，諸言月者有事則繫事，無事即繫時。農家早晚候之，何渠不言耶？

郝氏復問：

何故必須二之日？

王氏復答曰：

一之日農功雖畢，宮功方興於茅索綯，皆此月事。

郝氏又問曰：

即如是，於貉何不並於俟二之日？

王氏又答曰：

狐貉之獸，皆穴居，民稍閑暇，可便取之。至於田獵習兵，必須大眾竭作。〔註55〕

---

〔註53〕韓寓群主編：《山東文獻集成》第二輯第47冊，郝懿行《詩問》，第289頁。
〔註54〕韓寓群主編：《山東文獻集成》第二輯第47冊，郝懿行《詩問》，第290頁。
〔註55〕韓寓群主編：《山東文獻集成》第二輯第47冊，郝懿行《詩問》，第290頁。

王氏思維敏捷，每每思路開闊，所提問題也頗爲驚人，而郝氏則以淵博學識不溫不火，一一作出解答，在一定程度上體現出二人的默契。夫妻二人一來一往，使繁瑣的解經過程變得妙趣橫生。

此外，還有「瑞玉曰——余問——瑞玉答」式，王氏先引起話題，郝氏質疑，王氏解疑，從中可以窺探出王照圓對《詩經》的獨特理解。如釋《衛風．伯兮》篇：

> 瑞玉曰：「先言其雨者，雨暫止而日出，再言其雨者，雨旋止，日復出也。軍行以雨爲憂，以晴爲喜，故思及之，願言思伯，《箋》於《詩》之『願言』之言俱訓爲『我』，朱子或訓『念』，然訓『言』爲『念』，思又爲『念』，恐文義重沓。竊謂『言』者，口道之也，心有所思，口輒道之。」余問：「何以『言』先於『思』？」答曰：「名言在茲，允出在茲，凡詩中『願言思』連文者倣此。」〔註56〕

「瑞玉問——余答——瑞玉曰」式。如釋《豳風．七月》：

> 瑞玉問：「『女心傷悲』應作何解？」余曰：「恐是懷春之意，《管子》亦云『春女悲』。」瑞玉曰：「非也，所以傷悲，乃爲女子有行，遠父母故耳。」〔註57〕

單從研經論學的角度而言，問答體亦在標榜著一種可貴的存疑意識。與郝氏《詩問序》所言：「善說詩者不可以文害辭，以辭害志，以意逆志，斯得之。」相符。〔註58〕正如劉玉偉《王照圓詩經學研究》中所言：「王郝二人的問答間，時有對《序》、《傳》、《箋》的存廢取捨之辭，既不同於唐人「疏不破注」，一味因襲，又迥異於宋學末流「六經注我」，以破爲立，而是以《經》爲主，並將宗《經》與存疑相結合，體現出審愼、質實的治學態度。」〔註59〕郝氏夫婦二人閒居問答的解經注經方式對於傳統注釋學單向的灌輸式體系來說是一個極大的改革。

## 三、追求文學本位，從文本出發闡釋《詩經》的文學價值

《詩問》、《詩說》二書採用閒居問答的方式記錄了郝懿行與王照圓關

〔註56〕韓寓群主編：《山東文獻集成》第二輯第47冊，郝懿行《詩問》，第247頁。
〔註57〕韓寓群主編：《山東文獻集成》第二輯第46冊，郝懿行《詩說》，第776頁。
〔註58〕韓寓群主編：《山東文獻集成》第二輯第47冊，郝懿行《詩問》，第222頁。
〔註59〕劉玉偉：《王照圓詩經學研究》，聊城大學碩士學位論文，2014年。

於《詩經》的見解，文中雖然涉及到大量名物訓詁、字詞考證，但不乏對《詩經》文學價值的挖掘。可以說在很大程度上，郝氏夫婦採取一種異於訓詁考據學派的研學方法，即從文學角度切入說《詩》，這在當時並不爲學界所重視。正如《續修四庫全書總目提要》評價《詩問》一書云：「言詩亦往往有失當者……懿行，學者，乃有此不根之談。」夏傳才、董治安主編的《詩經要籍提要》也對《詩問》提出了批評。但也有學者對郝氏夫婦以文學說詩表示欣賞。周作人曾評價王照圓說《詩》能「體察物理人情」，有「解頤之妙」，並摘引了王氏 16 則詩說以證其說。縱觀《詩說》、《詩問》二書，很多地方展示了王照圓在文學鑒賞方面的天賦和才能，例如修辭、文本對讀以及文法等等方面。

### （一）修辭手法

郝氏夫婦說《詩》常論及詩中所用修辭手法，比較常見的有比興、設辭兩種。

比興是《詩經》最常見的修辭手法之一，也是王照圓以文學說《詩》所關注的重點。如釋《小雅・車舝》篇「高山仰止，景行行止」二句時，王氏以爲「二句雖興，亦兼有比意，高山喻德之高也，景行喻德之大也。」〔註 60〕因而問曰：「『四牡騑騑，六轡如琴』與『高山』二語如何聯屬？」〔註 61〕郝氏答曰：「高山，親迎所見也，景行，親迎所經也。蓋因所見以起興，如此看則上下文一貫。」〔註 62〕

再如釋《周南・桃夭》篇，王氏曰：

> 三章俱以「桃夭」起興，而用意各別。首云「灼灼其華」，繼以「宜其室家」。家謂一門之內，華之爛漫輝映乎樹間，情之和順薰蒸於門內也。次云「有蕡其實」，繼以「宜其室家」。室謂夫婦所居，「蕡」爲麻之多子者。桃如蕡而蕃衍，子如桃而眾多也。終言「其葉蓁蓁」，繼以「宜其家人」。家非人無以成，猶樹非葉無以助也。葉雖繁，有

〔註 60〕韓寓群主編：《山東文獻集成》第二輯第 46 冊，郝懿行《詩說》，第 773～774 頁。

〔註 61〕韓寓群主編：《山東文獻集成》第二輯第 46 冊，郝懿行《詩說》，第 773～774 頁。

〔註 62〕韓寓群主編：《山東文獻集成》第二輯第 46 冊，郝懿行《詩說》，第 773～774 頁。

> 一葉之不能暢其機，則樹不茂；人雖眾，有一人不能得其歡，則家不齊。取其相似，因以爲興也。何爲先言華而繼言實？重繼嗣，推化原也。何爲繼言實而後言葉？由近以及遠，自親以及疏也。人雖疏遠，不可不言者，以明無人之不宜，而後爲宜之，盡所謂不出家而成教於國，其基於是也夫。〔註63〕

王氏逐章分析「桃夭」一詞在詩中的起興作用以及它各自的比喻和象徵意味，讓人讀來甚覺合情合理。

再如釋《王風・中谷有蓷》篇，王氏曰：「蓷，資谷潤婦，藉夫恩，故以爲興。」〔註64〕雖言起興，實則一語道破詩歌主旨。

「設辭」，或曰「設言」、「意辭」，是前代《詩經》學家所創立的修辭概念，用以指稱《詩經》章句中具有虛構性的成分，有寄言託物的意味。如黃櫄在《毛詩李黃集解》中釋《周南・漢廣》云：「詩人形容江漢之遊女無犯禮之思，故設辭以爲女子之貞潔，雖求而不可得耳，豈果有是事哉？」〔註65〕並指出諸說經者「失詩人之意」，誤以「設辭」爲「實辭」。又如其釋《小雅・無羊》云：「前輩謂《無羊》一詩似畫出牛羊圖，所謂詩中圖畫是也，牧人乃夢，與《斯干》言『乃占我夢』皆是設辭，非果有是夢也。」〔註66〕關於這種修辭概念的判斷，基於注詩者對詩歌文本的深刻理解。只有分清虛實，理解虛設之情境所寄之情志，才能深刻體會詩歌所要表達的意味。

王照圓在說《詩》過程中也遇到用常理無法解釋的詩句，她便從文本入手，加上自己的理解，從藝術虛構的角度對詩句加以闡釋，而不是一字一句做生硬的解釋，往往能夠別具情致。如釋《邶風・靜女》篇，王氏云：

> 思靜女者，思其幽閒之德，以禮進見於君。彤管，取其有禮法也。歸荑，取其奉祭祀也。當時實無此女，有則可以配人君爾。〔註67〕

---

〔註63〕韓寓群主編：《山東文獻集成》第二輯第46冊，郝懿行《詩說》，第751～752頁。

〔註64〕韓寓群主編：《山東文獻集成》第二輯第47冊，郝懿行《詩問》，第250頁。

〔註65〕〔宋〕李樗、黃櫄：《毛詩李黃集解》卷二，景印文淵閣《四庫全書》本，經部第71冊，第56頁。（以下所引版本俱同）

〔註66〕〔宋〕李樗、黃櫄：《毛詩李黃集解》卷二十三，第447頁。

〔註67〕韓寓群主編：《山東文獻集成》第二輯第47冊，郝懿行《詩問》，第325～326頁。

王氏認爲「靜女」在當時並不存在，只是一個虛構的形象，用以寄託詩人「靜女配人君」的理想。而詩中的「彤管」、「歸荑」也只是「有禮法」、「奉祭祀」的象徵。

再如《鄘風·桑中》篇，郝氏問姜、弋、庸者皆爲著姓，何故俱稱爲「孟」？期、要、送，又何故同地？〔註68〕王氏答曰：

> 設辭爾。衛當宣惠之世，男女奔誘，世族宣淫，詩人幻其辭以戒之，事非本有，故地處偶同。不然直刺人惡，非所謂厚也，其不爲洩治之續與？〔註69〕

王照圓認爲詩中的孟姜、孟弋、孟庸三個「著姓女子」只是「設辭」，並非眞實存在的人物，只是詩人幻辭諷戒的手法；俱稱爲「孟」姓的原因是當時的衛國正當宣惠之世，社會上「男女奔誘，世族宣淫」的現象不斷，作者遂「幻其辭以戒之」。這一方面是爲了「直刺人惡」，另一方面也是對儒家「溫柔敦厚」詩教傳統的尊奉。

### （二）文本對讀

王氏說《詩》還善於將文學意味相通的詩歌進行對讀，往往能加深讀者對詩句含義的理解。如《鄘風·相鼠》篇，《白虎通》以爲妻諫夫之作，郝氏認爲「漢唐宋諸儒從無如此說者，細味三章各末句，豈妻之所忍施於夫哉？果爾，則聖人何取焉？」王氏答曰：

> 然！嘗讀《氓》詩卒章，至於「言笑晏晏，信誓旦旦，不思其反」，未嘗不撫卷而歎曰：「千古夫婦、朋友，坐此凶終隙末，相怨尤者多矣。」〔註70〕

王氏由《碩鼠》中的夫妻聯想到《氓》中的夫妻，認爲前者諫夫之妻和後者抱怨丈夫背棄誓言的妻子都有抱怨的權利，即使是聖人也可以理解。

再如王氏在解釋《東山》詩何故四章俱云「零雨其濛」時曰：

> 蓋行者思家，惟雨雪之際尤難爲懷，所以《東山》勞歸士則言雨，《采薇》之遣戍役則言雪，《出車》之勞還率亦言雪。〔註71〕

---

〔註68〕韓寓群主編：《山東文獻集成》第二輯第47冊，郝懿行《詩問》，第238～239頁。

〔註69〕韓寓群主編：《山東文獻集成》第二輯第47冊，郝懿行《詩問》，第238～239頁。

〔註70〕韓寓群主編：《山東文獻集成》第二輯第46冊，郝懿行《詩說》，第757頁。

〔註71〕韓寓群主編：《山東文獻集成》第二輯第46冊，郝懿行《詩說》，第768頁。

將《七月》與《東山》、《采薇》、《出車》等篇聯繫起來分析行者思家的心態，讓讀者感到詩中有畫。

再如王氏論《小雅・車舝》詩做得好，反覆詠歎，津津而有味，好德如好色從中可見，於是以《車舝》配《關雎》，以爲「得性情之正」〔註 72〕。

### （三）點評文法

郝氏夫婦二人說《詩》還十分注重詩歌的文法，如釋《齊風・雞鳴》篇，王氏問曰：

> 《雞鳴》詩，首章難解，古者朝，辨色始入，君日出而視之。《雞鳴》豈即朝盈之時？蠅聲在，天將曙，雞鳴則昧爽前，安有誤以蠅聲爲雞鳴之理？〔註 73〕

郝氏答曰：

> 此妙語也。蓋賢妃心常恐晚，恍惚之間，如有所聞，遽告君曰：「起起，雞即鳴矣！」少頃覺益晚，復告君曰：「起起，不獨雞鳴，而朝已盈矣！」忽又沉吟曰：「誤矣。」前所聞者，並匪雞鳴，蓋即天將旦而蒼蠅之聲乎？反復疑猜，其實雞鳴、蠅聲，都是幻想，所謂風幡俱不動，汝心自動耳。此說如何？〔註 74〕

王氏贊曰：「神理殊妙。」〔註 75〕可謂一語中的。

## 四、女性說《詩》的獨特視角

經典的闡釋是一個接受並再創造的過程。作爲清代著名的女經學家，王照圓從女性角度出發，結合自己的親身體會和對生活的理解，對詩旨的闡發提供了新的角度，相對於男性說《詩》而言，對其中女性形象、女性情感、心理的把握和詮釋更加深刻。

---

〔註 72〕韓寓群主編：《山東文獻集成》第二輯第 46 冊，郝懿行《詩說》，第 733 頁。

〔註 73〕韓寓群主編：《山東文獻集成》第二輯第 46 冊，郝懿行《詩說》，第 760～761 頁。

〔註 74〕韓寓群主編：《山東文獻集成》第二輯第 46 冊，郝懿行《詩說》，第 760～761 頁。

〔註 75〕韓寓群主編：《山東文獻集成》第二輯第 46 冊，郝懿行《詩說》，第 760～761 頁。

### （一）探微詩中細膩的情思

從女性視角出發解讀《詩經》，王氏常能自如地把握詩句中隱藏的女性細膩的情思。如夫妻二人在討論《周頌・載芟》篇時，郝氏問「思媚』二語可否顛倒來看？王氏抓住女性獨特的心理特徵，曰：「不可。媚，順也。依，愛也，大凡婦女無不愛其夫，其不相得多由夫不順其婦耳。」〔註 76〕

如釋《周南・葛覃》篇，王照圓從女性視角出發，敏銳地抓住了葛葉、黃鳥和婦人三個看起來並不搭配的意象之間內在的聯繫，其曰：

> 葛葉生，黃鸝鳴，早夏間也。婦人勤事，感候輒思，灌木飛鶯，聞聲而喜，於是閨中相戒。此采葛之候也。〔註 77〕

如釋《小雅・杕杜》篇，郝氏問曰：「征役亦憂父母，何獨女心傷止？」〔註 78〕王氏答曰：

> 非是父母不傷，婦人甚爾。《東山》婦歎，《采薇》室家，皆識斯意。〔註 79〕

王氏從一個妻子的角度出發，並聯繫《東山》、《采薇》的情景，對丈夫的疑問做出了合情合理的解釋。

釋《衛風・氓》篇，郝氏問曰：「爲婦三歲，即見棄，何遽言老？」〔註 80〕王氏答曰：

> 食貧之婦，容華易落，得不速老也？言始誓與爾偕老，今老反使我怨，淇之岸、隰之泮，我昔從此道而來，今不堪追憶也。〔註 81〕

女子容顏易逝，怎能不感傷於懷，這是男子讀《詩》所不能體會的。

再如釋《邶風・泉水》篇「毖彼泉水，亦流於淇，有懷於衛，靡日不思。孌彼諸姬，聊與之謀。」一句，王氏曰：

> 毖泉始出，衛女當是初嫁，婦人思歸，初嫁尤切也。泉流於淇，不反於泉，女適他國，不反於衛。〔註 82〕

---

〔註 76〕韓寓群主編：《山東文獻集成》第二輯第 46 冊，郝懿行《詩說》，第 785 頁。
〔註 77〕韓寓群主編：《山東文獻集成》第二輯第 47 冊，郝懿行《詩問》，第 213 頁。
〔註 78〕韓寓群主編：《山東文獻集成》第二輯第 47 冊，郝懿行《詩問》，第 303 頁。
〔註 79〕韓寓群主編：《山東文獻集成》第二輯第 47 冊，郝懿行《詩問》，第 303 頁。
〔註 80〕韓寓群主編：《山東文獻集成》第二輯第 47 冊，郝懿行《詩問》，第 245～246 頁。
〔註 81〕韓寓群主編：《山東文獻集成》第二輯第 47 冊，郝懿行《詩問》，第 245～246 頁。
〔註 82〕韓寓群主編：《山東文獻集成》第二輯第 47 冊，郝懿行《詩問》，第 233 頁。

### （二）從女性視角闡發詩旨

王照圓從女性視角說《詩》也體現在對詩旨的挖掘常能別具匠心。如釋《邶風・谷風》篇，王氏對「毋逝我梁，毋發我笱」一句做出了全新的詮釋，其云：

> 「毋逝我梁，毋發我笱」喻言新婦毋循我舊事，毋學我作家，效我所為，當復如我見棄也。〔註83〕

在王氏眼中，這是一個女性告誡另一個女性的話語，從中亦留露出王氏對封建社會女性生存狀態的無奈和憤慨。

釋《鄭風・遵大路》篇，王照圓通過分析詩句中夫妻吵架、妻子挽留的經過解讀其詩旨爲：「留夫也。民間夫婦反目，夫怒欲去，婦懼而挽之。」〔註84〕並生動刻畫了婦人複雜的心理過程：

> 婦人挽留，情急，初攬之得其袪，又攬之得其手，復言無以色衰而醜我，不可以倉卒棄情好也。婦辭愈婉，夫怒愈平。〔註85〕

《小雅・采綠》篇，《毛詩序》曰：「刺怨曠也。幽王之時，多怨曠也。」〔註86〕鄭《箋》曰：「怨曠者，君子行役過時之所由也。而刺之者，譏其不但憂思而已，欲從君子於外，非禮也。」〔註87〕而王氏卻以爲此詩是婦人思夫之作，並曰：

> 婦人思君子，因憶昔在家時，其往狩，我曾爲之張弓。其往釣，我曾爲之綸繩。今何可得？〔註88〕

將女子思念丈夫的心理活動描寫得淋漓盡致。

綜上所述，王氏《詩經》學在《詩經》學史上應歸於考據學背景下的偏重於文學本位的研究，這樣兼容而獨立的治學態度，在當時考據風氣盛行的《詩經》學林是相當難得的。周作人曾贊其《詩》說「殊佳妙」、「能體察物理人情，眞有解頤之妙」、「殊有意趣，此種說經中有眞脈搏」〔註89〕，可謂灼見。

---

〔註83〕韓寓群主編：《山東文獻集成》第二輯第47冊，郝懿行《詩問》，第231頁。
〔註84〕韓寓群主編：《山東文獻集成》第二輯第47冊，郝懿行《詩問》，第256頁。
〔註85〕韓寓群主編：《山東文獻集成》第二輯第47冊，郝懿行《詩問》，第256頁。
〔註86〕〔漢〕鄭玄箋，〔唐〕孔穎達疏：《毛詩正義》卷十五，第226頁。
〔註87〕〔漢〕鄭玄箋，〔唐〕孔穎達疏：《毛詩正義》卷十五，第226頁。
〔註88〕韓寓群主編：《山東文獻集成》第二輯第47冊，郝懿行《詩問》，第357頁。
〔註89〕〔民國〕周作人：《苦竹雜記》，第141頁。

# 第五章　王照圓詩歌

縱觀中國女性文學史，女性屬意詩詞的人數最眾，成就也最高，是歷代女性文學研究者關注和研究的重點。清代女性文學大盛，女詩人、女詞人不勝枚舉，還有甚者以滿腔才情名留青史，如徐燦被推爲「才鋒遒麗，生平著小詞絕佳，蓋南宋以來閨秀，一人而已」〔註1〕，顧太清被況周頤評爲「男中成容若，女中太清春」〔註2〕，吳藻的《花簾詞》被譽爲「嗣響易安」〔註3〕等等，美譽舉不勝數。清代女性在詩詞領域取得了非凡成就。

清代江南地區多才女，尤以詩詞著稱。相比之下，北方地區以詩詞著稱的女性作家成就並不顯著，而且數量也無法與江南地區相提並論。但仍不能忽視這一時期北方地區的女性詩詞成就，如僅山東一帶就有于仙齡、孔淑成、孔祥淑等 52 名有著作傳世的女性詩人〔註4〕。王照圓作爲這一時期山東地區女性學者的代表，幼年即習讀《詩經》，于歸郝懿行後，二人於平日間詩詞唱和不斷，並合著《和鳴集》一卷。若論才情，她也是名副其實的女詩人。

《和鳴集》收錄了王照圓與郝懿行共 46 首詩，後附王照圓祭財神七言絕句十首（每首後附有郝懿行的評語），合計 56 首，其中王照圓有詩 39 首。詩歌內容主要是二人平日裏相互唱和和一些生活常事，前有郝懿行所作序言，揭示了《和鳴集》的創作主旨。其序云：

---

〔註1〕陳維崧：《婦人集》，北京：中華書局，1985 年版，第 7 頁。

〔註2〕〔清〕況周頤：《蕙風詞話續編》，見唐圭璋《詞話叢編》第 6 冊，北京：中華書局，1993 年版，第 9 頁。

〔註3〕黃燮清與蘋香論詞，稱讚之語。詳見〔清〕海鹽、黃燮清主編《國朝詞綜續編》卷二十四，臺北：中華書局，1965 年版，第 1 頁。

〔註4〕詳見附錄五。

> 金石無情乎？磁鍼胡爲而相引。草木無情乎？花葉胡爲而相當。凡品彙之倫，生成於陰陽，斯應感以聲氣，而況於人乎？人於陰陽，尤得其靈秀，非若金石之頑冥，草木之無知也。雖然亦有異焉，或漓而薄，或泛以濫，心非石堅，性類金寒，若彼其人，殆不可轉。乃若終風寫怨，陰雨孤恩，苟兩美其未合，固獨（係立）之難，張仰寥廓而莫承，亦雖鳴而勿善，譬諸草木薰蕕判矣。安望同心之言臭如蘭也。夫情之至者，恒不可解。昔人有理智所無，情之所有，乃今見之矣。玆有兩人，瑞玉、蘭皋，其於情也，蓋其深焉，而瑞玉尤甚。方其未見，或征諸夢，或遇以神結同心矣。既而雝鳴雁、尚瓊英，如賓友焉。蓋臭味之投定，於有生之後而精神之契，在乎未接之先。兩人者眞奇遇哉。蘭皋曰：「玆嘉話也。不可弗傳。」詩者，人所藉以鳴也。金石不和則不鳴，草木無聲風撓之鳴，維詩亦然，集而曰和鳴者。何懿氏有言：「鳳凰于飛，和鳴鏘鏘。」是其徵也。昌黎亦云：「和其聲以鳴國家之盛。」今兩人所爲詩，雖未敢云播之金石也，豈如薰蕕之不可同器藏乎哉？瑞玉曰：「善。」於是著於篇。〔註 5〕

郝懿行在序中言金石、草木皆有情，而人又勝於金石之頑冥、草木之無知。又言他夫婦二人用情極深，情趣相投，精神相契，其結合可謂奇遇，傳爲佳話，這正是《和鳴集》的成書緣由。郝懿行還在序中交代了《和鳴集》的得名由來。全文重在強調一個「和」字，正所謂「金石不和則不鳴，草木無聲風撓之鳴，維詩亦然」，郝氏此言指明了《和鳴集》的寫作基調，即通過詩歌來抒發他夫妻二人的琴瑟和鳴。在此基調之下，本文將以分析王照圓詩歌爲主，綜合郝懿行的唱和與評語，來探究王照圓詩歌的思想內容和藝術特色。

## 第一節　王照圓詩歌的思想內容

《和鳴集》由王照圓與郝懿行平日裏相互唱和的詩歌集成，內容多涉及二人情感的交流，或即景抒情以表相思，或豪情慷慨以寄偉志，十首祭財神詩也不乏對社會現實的反映。總體上可以分爲新婚對唱、寫景詠物、遙寄相思、抒寫抱負、日常生活五大類。

---

〔註 5〕韓寓群主編：《山東文獻集成》第二輯第 49 冊，郝懿行、王照圓《和鳴集》，第 67 頁。

## 一、新婚對唱

歌詠新婚類的詩歌古來有之。從《詩經》中的《桃夭》、《綢繆》到漢代秦嘉的《述婚詩》，《古詩十九首》的《冉冉孤生竹》和南北朝時期的民歌，再到宋代梅堯臣的《新婚》和李清照的《減字木蘭花》，婚姻一直是人們喜歡歌頌的題材。或寫兩情相悅之甜美，或寫新婚離別之痛苦，眞摯感人，容易牽動青年男女的心弦。女性因長期受「三綱五常」等封建禮教的束縛，少有婚姻自主權，此類詩歌並不多見，即使有，也多寫婚後生活的離情愁緒與相思之苦，語言表達上遮遮掩掩欲言又止。像李清照《減字木蘭花》〔註6〕這類俏皮活潑的詩歌，能將新婚燕爾的甜蜜以一句「徒要教郎比併看」大膽而又淋漓盡致地表現出來，實爲少見。

在文化衝突不斷且日益多元化的有清一代，傳統婦女觀念依然濃厚，但閨中女性要求獨立解放、追求自由的呼聲已經越來越明顯。很多人一改「猶抱琵琶半遮面」的閨秀氣，突破題材限制，自由地表意抒情。大膽歌詠新婚，就很具有代表性。

王照圓吟詠新婚燕爾的詩歌主要有《催莊》、《卻扇》二首、《關關雎鳩》、《桃始華》。《桃始華》一首寫景頗多，但皆是爲了襯托新婚之喜，所以將其歸爲此類。《和鳴集》中載郝懿行自記云：「丁未嘉平亮夜月明，挑燈閒話，瑞玉拈此四題，限酒熱詩成，自慚鈍拙，僅完二首，遂叨佳釀。其後二首，異日方足成之，視詩箋淋漓，尙帶酒氣也。他日瑞玉乃屬和焉。」〔註7〕王照圓與郝懿行於乾隆五十七年丁未完婚，郝懿行所謂「四題」即是指以上五首。

王照圓與郝懿行的結合可謂天賜良緣，照圓於詩歌中反覆詠唱。

由來天作合，今值于歸時。宜室欣題句，今居喜詠詩。

高山吟仰止，充耳佚乎而。敬戒萱堂樂，預知偕老期。（《催莊》）

首句「天作合」表明王照圓對這場婚姻的極大肯定。照圓初爲人婦，不願從此只是相夫教子，她欣然題句，歡喜詠詩，三言兩語勾勒出一個活潑俏皮的新婦形象，讓人禁不住浮想聯翩，與李清照《減字木蘭花》有異曲同工之妙。引《詩經》「高山仰止」一語讚美夫家人的高尚品行，照圓作爲人婦，教誨亦

〔註6〕《減字木蘭花》全文爲：「賣花擔上，買得一枝春欲放。淚染輕勻，猶帶彤霞曉露痕。怕郎猜道，奴面不如花面好。雲鬢斜簪，徒要教郎比併看。」

〔註7〕韓寓群主編：《山東文獻集成》第二輯第49冊，郝懿行、王照圓《和鳴集》，第69頁。

充耳不絕。萱堂，古代用來尊稱母親，「萱堂之喜」常與「新翁之喜」相對，借指兒女成婚。一句「萱堂樂」暗示出夫家對新婦的滿意，「敬戒」一詞更道出了照圓對和諧家庭生活的期待和嚮往。初嫁已經能夠預料，此生定能「執子之手，與子偕老」，這般詮釋足見二人情感的堅定。同樣表達對美好婚姻生活的期盼之情的還有《桃始華》：

微暖韶光早，夭桃始發華。和風吹綠葉，細雨潤丹葩。

爛漫迎朝日，輕盈鬥晚霞。芳林鶯出谷，暖圃蝶尋花。

似錦繁枝麗，如雲豔影斜。高堂春色滿，之子詠宜家。

溫暖韶光，草長鶯飛，恰是桃花開始綻放之時，喻美麗的姑娘將要出嫁，起興之筆恰到好處。「和風」、「綠葉」、「細雨」、「丹葩」、「朝日」、「晚霞」，一系列柔軟細膩而又清麗的意象勾勒出一幅春光乍泄的美好景象，極寫柔情無限。山谷悠悠，鶯兒細語，皆爲新嫁添彩，襯托出新人的幸福與甜蜜。「暖圃蝶尋花」學謝靈運「墟囿散桃花」〔註 8〕一句，一個「尋」字境界全出，鳳蝶逐花逐滿天，寫盡人間爛漫。「高堂春色滿」是王照圓對未來夫家生活的期待，而「之子宜家」則是對自己的美好祝願。這一首可謂情景交融、寓情於景之佳作。

在王照圓眼中，與郝懿行的結合有別致之處：

千里良緣絲線牽，三冬轂旦結團圓。

挑燈最喜親風雅，先說周南第一篇。(《卻扇》其二)

「卻扇」一詞出自《世說新語・假譎》〔註 9〕「溫嶠娶妻」的典故。溫嶠爲姑母尋佳婿，言「門地粗可，婿身名宦，盡不減嶠」，並下玉鏡臺一枚作爲聘禮，而新婚之日，新娘「以手披紗扇」，眾人始知新郎正是溫嶠。「卻扇」本義指新娘在行禮之時以扇遮面，照圓於詩中卻以「結團圓」形容新婚夫婦的結合，毫無新婚之時男女有別的羞怯之感，實乃新創。二人好似分別多年的戀人久別重逢，而不見任何生疏，足見王照圓與郝懿行的情投意合。風雅之詩，《詩經》頗多，而尤說「周南第一篇」，亦是借《關雎》之寓意言佳偶之難得，運用十分巧妙。

---

〔註 8〕 郝懿行於此句下自注：謝靈運詩「墟囿散桃花」。南朝宋謝靈運《從遊京口北固應詔》原句爲：「原隰荑綠柳，墟囿散紅桃。」

〔註 9〕 〔南朝宋〕劉義慶編著，柳士鎮、劉開驊譯注：《世說新語全譯》，貴陽：貴州人民出版社，1996 年版，第 724 頁。

從郝懿行的和詩中亦能看出他對這門婚事的滿意。他以雙燕齊飛、雙星齊現來襯托二人的結合，更以「夢燈頻結綵，早定百年期」（郝懿行《催莊》，見《和鳴集》）表明他二人早已緣定，絕非偶然。〔註 10〕

王照圓於詩中極寫新婚之喜，未見一般女子出嫁時的悲啼與傷情：

鶖鳥飛來度遠洲，相關對語兩情投。

清音嚦嚦遙連水，雅韻悠悠喜聽鳩。

鸞鳳和鳴流太液，鴛鴦逸鄉振皇州。

會當飛入龍津里，飲啄上林得自由。（《關關雎鳩》）

以鶖鳥成雙而飛比喻自己和丈夫「鸞鳳和鳴」的美滿結合，以「飛入龍津」表達對郝懿行光明前途的期盼，可見二人的結合從一開始便不僅僅是簡單的男女之情，他們彼此更是志趣相投的知己。像這樣在詩中表達她對郝懿行仰慕之情的還有《卻扇》其一：

佳夕雙星會，焚香寶篆薰。妾心非愛酒，君志可登雲。

績錦書添色，生花筆有文。不堪燈下讀，拙作謝殷勤。

首聯以「雙星」、「焚香」、「寶篆」等清雅意象營造出一副溫馨儒雅的畫面，以襯托出兩人以詩會友、詩詞唱和的和諧之感。頷聯自言「心非愛酒」，而「君志可登雲」，表明二人志趣相投。頸聯以李白喻郝懿行，讚美他的「天才贍逸」〔註 11〕。尾聯言拙作不堪，委婉地表達對郝懿行的欽慕。

通讀郝懿行《卻扇》（其一）〔註 12〕一詩，可知二人實爲互相仰慕。郝懿行贊照圓「君才嫻詠雪」，「香飄賦茗文」，更以梁鴻孟光舉案齊眉比喻二人的相處。尾聯以「挽鹿而歸」〔註 13〕讚美王照圓願與自己共守清貧的品質。於郝懿行而言，得此賢妻，實乃生之幸哉。

〔註 10〕郝懿行於該詩下自注：「未締姻前瑞玉屢有雙鐙吉夢，知非偶然。」引自韓寓群主編《山東文獻集成》第二輯 49 冊郝懿行、王照圓《和鳴集》，第 68 頁。

〔註 11〕五代王仁裕《開元天寶遺事・夢筆頭生花》：「李太白少時，夢所用之筆頭上生花，後天才贍逸，名聞天下。」

〔註 12〕全文如下：「糊各燒銀燭，良宵寶篆薰。君才嫻詠雪，我意慕淩雲。花點齊眉案，香飄賦茗文。早知諳女誡，挽鹿謝殷勤。」

〔註 13〕語出《後漢書・列女傳・鮑宣妻》：「勃海鮑宣妻者，桓氏之女也，字少君。宣嘗就少君父學，父奇其清苦，故以女妻之。裝送資賄甚盛，宣不悅，謂妻曰：『少君生富驕習美飾，而吾實貧賤，不敢當禮。妻曰：『大人以先生脩德守約，故使賤妾侍執巾櫛。既奉承君子，唯命是從。宣笑曰：『能如是，是吾志也。妻乃悉歸侍御服飾，更著短布裳，與宣共挽鹿車歸鄉里。」後以「挽鹿車」喻夫妻共守清苦生活。

以上五首詩以新婚生活爲主要內容，又突破了傳統女性詩詞的閨閣之限，給人耳目一新之感。詩中少有一般夫婦打情罵俏的細節描寫，多描繪詩詞唱和的溫馨場面，或極寫新婚之喜，或溫婉表達欽慕之情，或遙祝婚姻美滿、高堂和樂，都爲我們刻畫出一個才情滿腹、活潑靈動卻又不失高雅的新婦形象，讀之令人心動。王照圓與郝懿行「琴瑟和鳴」般的結合，濃情愜意的詩詞唱和也能看出清代女子地位的細微變化和對自由解放的追求。

## 二、寫景詠物

王照圓的詩中屬於這一類的主要有《梅花》、《春雪間早梅》、《秋月》、《竹箭有筠》、《風暖聞啼鳥》、《風雨交集》、《迎春花》、《簪迎春花》、《春柳》、《過西海子看新荷》、《六月廿日炎熱特甚雨後有作》和《秋夜》，在五類詩中數量最多。古人作詩絕少單純寫景詠物，或抒情或言志，王照圓這類詩歌亦是如此。

古往今來，梅蘭竹菊四君子一直是文人喜歡吟詠的對象。梅之傲雪怒放，蘭之幽雅深邃、竹之高節堅貞、菊之淡雅飄逸，文人雅士無不爲之心馳，於是在詩文中反覆詠歎，以寄情志。王照圓詩歌中也多出現這類意象，其中詠梅的就有兩首，試讀之：

> 何處清香遠，遙瞻嶺上梅。不隨群卉茂，獨佔一陽開。（《梅花》）
>
> 春暖陽和至，輕明雪尚堆。銀光鋪素玉，嶺上鬥紅梅。
>
> 日出芳枝溼，花繁凍蕾開。寧隨群卉茂，獨佔百花魁。
>
> （《春雪間早梅》）

這兩首詩從內容上看十分相似，大致爲我們描繪了一幅冬春之際，乍暖還寒，輕雪尚堆如銀光素裹，嶺上一枝寒梅傲然獨立的畫面。清風送香來，疑是雪中寒凍的冰蕾，待春暖陽和之時，於山嶺向陽之地悄然綻放。詩人踏雪尋覓香氣，忽的望見皚皚白雪中一枝抖立的紅梅，如何不爲之心動。此情此景與王安石「遙知不是雪，爲有暗香來」（《詠梅》）所寫如出一轍，但寫法卻更爲俏麗、活潑，毫無王詩的凝重感。寒梅傲立，不隨群卉並茂，古人多以此讚美世間高潔傲岸之人不與世俗同流合污的品質，但在王照圓筆下，梅花似乎多了一絲特殊的韻味。

唐以前的詠梅詩，多寫閨怨、傳友情、託身世，唐以後出現了雖以模擬物象爲主，但卻含有美之意蘊的佳作。至宋代，借梅傳友情抒閨怨之意漸歇，而寫其意象之美，贊其標格之貞的吟詠日盛。前者如林和靖的《山園小梅》，後者如陸游的《卜算子・詠梅》，皆爲詠梅佳作。在大多文人筆下，梅花常用來自比，陸游就有「何方可化身千億，一樹梅花一放翁」（《梅花絕句》），儼然以梅花的化身自稱。王照圓筆下的梅花，同男性筆下「花中氣節最高堅」的梅花並無性質的區別，但王照圓借梅花傲立綻放的意象來寄託的情思、言志的內涵卻是與眾不同。文人常將梅花與群芳對比，突出它傲然自立不苟合的品性，但「群芳」在男性文人眼中當是泛指，甚至含有貶義，如陸游所謂「無意苦爭春，一任群芳妒」（《卜算子・詠梅》）。在王照圓眼中，群芳有暗指女性群體的意味。照圓出身富貴，自小就表現出一定的文學天賦，但吟風弄月、難免矯情的閨秀之作並不是王照圓的追求。觀其三十餘首詩作，除了新婚對唱，其餘少寫閨房之內的生活。王照圓的人生目標是要做一位眞正的學者，這在女學大盛的有清一代，在偏愛詩詞的女性群體中不得不說是獨樹一幟的，正如一枝傲雪的梅花高標自立。所以王照圓筆下「不隨群卉茂，獨佔一陽開」的梅花比男性文人筆下的梅花多了一絲女子的英氣。儘管歷來女性詩人如李清照詠梅也不乏女中豪傑般的氣概，但因身世和經歷的坎坷淪落，李清照筆下的梅花多帶著一絲苦笑和無奈，花也零落，人也憔悴，即使「包藏無限意」，但「未必明朝風不起」（《玉樓春》），梅心驚破，人心瀝血，一景一情都滿含無限傷感。王照圓沒有給予梅花如此沉重的情思，也無「紅酥」、「瓊苞」等絢麗的辭藻，只在寥寥數語間抒發自己不爭花顏、只爲怒放的豪情。

不獨詠梅詩，王照圓其他的詠物詩也有此類特點。試讀照圓十歲於秋夜新霽，與諸女伴戲月下所作《秋月》一詩：

海上一輪月，乾坤通徹明。兔宮桂花滿，先照玉堂中。

秋雨新霽，朗月當空，這一副景象令古往今來多少文人爲之心曠神怡。年幼的王照圓雖未讀書，卻知曉月宮折桂的典故，一句「先照玉堂中」道出了滿心的豪氣。

借詠物抒寫心中抱負的還有《風暖聞啼鳥》：

好鳥乘時至，飛鳴自遠郊。芳林聞錦幄，曉樹接雲巢。

恰自花間出，還同月下敲。千聲傳葉底，百囀度林梢。

翅拂青枝動，風添翠影交。會當棲上苑，雅韻傍螭坳。

詩人以「芳林」、「錦幄」、「曉樹」、「雲巢」等一系列優美嫺靜的意象描繪了一幅來自遠郊的飛鳥乘時而至的美好景象。緊接著又以「千聲傳葉底，百囀度林梢」極寫聲音之婉轉動聽。鳥兒揮舞翅膀，青枝隨之拂動，一陣輕風又添幾段斑駁疏影，「風移影動，珊珊可愛」（歸有光《項脊軒志》）。「螭坳」常指宮殿螭階前坳之處，與「上苑」皆是宮廷之所，詩人以此寄託對飛鳥早攀高枝的祝福，其實是對自己早日實現心中抱負的期盼。這是收尾之筆，亦是全詩之精華所在。

王照圓另有一首《竹箭有筠》，也是詠物詩的佳作。

喜見庭前竹，菁菁綠幾尋。虛心千尺逈，勁節四時深。

豎直同松柏，青蔥閱古今。棲柯鸞鳳穩，林外聽瑤琴。

竹筠，即竹皮之美質。《禮記・禮器》云：「其在人也，如竹箭之有筠也，如松柏之有心也。二者居天下之大端矣，故貫四時而不改柯易葉，故君子有禮，則外諧內無怨。」〔註14〕孔穎達注：「箭，筱也；端，本也。四物於天下最得氣之本：或柔刀於外，或和澤於內，用此不變傷也。人之得禮，亦猶然也。」〔註15〕詩人借題發揮，以竹之筠比喻人之氣節，寄託自己高尚的情操。唐代張仲方有《賦得竹箭有筠》：

東南生綠竹，獨美有筠箭。枝葉詎曾凋？風霜孰云變！

偏宜林表秀，多向歲寒見。碧色乍蔥蘢，清光常蒨練。

皮開鳳采出，節勁龍文現。愛此守堅貞、含歌屬時彥。〔註16〕

即是通過歌詠箭竹，寄託了自己高尚的政治操守。照圓此詩與張詩可謂異曲同工。庭前菁菁綠竹，詩人見之欣喜之情油然而生。「虛心千尺逈，勁節四時深」是寫箭竹有節，晉代戴凱之《竹譜》載：「竹箭，高者不過一丈，節間三尺，堅勁中矢，江南諸山皆有之，會稽所生最精好。」箭竹本不高，詩人以「千尺迴」喻之，讚美箭竹氣節之高，手法誇張而有力。箭竹「內實外堅，拔之不曲」，如同松柏一般經冬不凋、歲寒益勁。以往詩人詠竹言志，一般到此落筆，尾聯多是「千磨萬擊還堅勁，任爾東西南北風」（清張燮《詠竹》）、「無情有恨何人見？露壓煙啼千萬枝」（唐李賀《昌谷北園新筍》）等悲慨之

〔註14〕〔漢〕鄭玄箋，〔唐〕孔穎達疏：《禮記正義》卷二十三，第202頁。

〔註15〕〔漢〕鄭玄箋，〔唐〕孔穎達疏：《禮記正義》卷二十三，第202頁。

〔註16〕〔清〕曹寅主持編定：《御定全唐詩》卷四百六十六，景印文淵閣《四庫全書》本，集部第1427冊，第661頁。

境。即使是一日不可無竹的蘇東坡，一番吟詠之後，也是「要看凜凜霜前意，須待秋風粉落時」的蒼涼。但王照圓尾聯「棲柯鸞鳳穩，林外聽瑤琴」卻別有深味。她以「鸞鳳」棲得安穩，來襯托箭竹的堅硬挺拔，意象優美而境界極高。又以瑤琴緩慢悠揚之聲烘托竹林的安逸與幽靜，雖不直露，卻爲點睛之筆。郝懿行注此句頗有王維「獨坐幽篁裏，彈琴復長嘯」的韻味。

王照圓借景抒情的詩歌還有《風雨交集》：

長空風雨集，杳靄起清煙。溼重庭前竹，輕扶水面蓮。

如膏催柳綠，似扇弄花妍。日出浮雲卷，飛龍上九天。

全詩籠罩著一種時急時緩的氣氛。風雨襲來而清煙杳杳升起，濕氣彌漫但水蓮安然拂擺。風雨交集之下孕育著柳綠與花妍，待日出過後浮雲舒卷，人心也好似蓄勢待發已久，如飛龍直上九天。全詩用不同色調和輕重的意象，似乎爲我們描繪了一幅格調十分不和諧的畫面，但詩人正是以此寄託了自己志高不畏風雨，定將長風禦浪的遠大抱負。與此詩有相似意境的還有《六月廿日炎熱特甚雨後有作》：

夕陽紅處雲雨蒸，霹靂一聲未得會。

雨後晚涼天宇淨，渾如人抱玉壺水。

夕陽時分，天氣炎熱如雨蒸，一聲霹靂見雨落，打破了夏夜的沉悶與燥熱。雨後天宇澄淨如玉壺之水，令人心曠神怡。同《風雨交集》相類，這首詩即景抒情，表達了詩人心淨如水的自在與灑脫。

王照圓另有兩首詠迎春花和一首詠柳的小詩，寫得十分俏麗可愛。

皆覺陽和至，迎春早吐花。風來舒綠葉，律轉鬥黃葩。

凍蝶驚新夢，寒蜂出舊衙。預知天地意，逐暖露先化。（《迎春花》）

灰飛新節至，小苑發春花。迎暖分金蕊，橫釵映鬢斜。（《簪迎春花》）

時回春日曉，晴看柳垂金。綠葉和風放，新枝拂曉禽。（《春柳》）

迎春花、春柳與梅花有相同的品性，它們都是報春的使者。在詩人看來，迎春花的開放送走寒冬，迎來暖春，也隨即喚醒了綠柳、黃花、凍蝶和寒蜂，一片欣欣向榮的景象就染遍了人間。語言清新俏麗，如一顆含苞待放的少女心，於草長鶯飛之際，悄然分蕊。

王照圓還有一首《過西海子看新荷》，寫「海子西頭楊柳岸」映著朝霞盛開的菡萏花，在綠煙嫋嫋的深處輕輕搖擺，疑似仙人種下，意境非凡。

王照圓的寫景詩多寫生的盎然，唯有《秋夜》一首，先寫雨後暗香浮動，籬豆花開，下聯一轉，寫梧桐色老，蟋蟀之聲倍加惱人。一正一反，極喜極悲，亦見詩人情感之細膩。

王照圓的寫景詠物詩，或借景抒情，表達對大自然生機盎然的讚美，寄託著對生命的熱愛。或託物言志，抒發自己魚翔淺底、鷹擊長空的豪情壯志。有男子一般的氣魄，又不乏女性的溫柔，讀來令人無限回味。

## 三、遙寄相思

王照圓的詩歌中屬於這一類的主要有《飛鴻鄉遠音》和《戊申秋試寄蘭皋》二首。另有一首《新秋晚涼即事》，雖爲寫景詩，卻飽含著詩人對遠方戀人的相思之情，所以一併歸入此類。

《飛鴻鄉遠音》和《戊申秋試寄蘭皋》二首是王照圓與郝懿行新婚不久後所作。二人婚後第二年，即乾隆五十三年，郝懿行於七月初旬赴濟南應試，高中舉人。這三首詩蓋作於二人此次分別期間，寄託著王照圓對郝懿行殷切期盼和無限思念。

通過詩歌內容，可知《戊申秋試寄蘭皋》二首作於郝懿行赴京參加秋試還未高中之時。

七月初旬零雨濛，君將行路日曈曨。
登山臨水千程遠，撥霧披雲萬里通。
早起單衣添曉露，晚眠細葛透清風。
會當得副青雲志，靜案幽窗莫輟功。（其一）

小試文場久擅名，矮盧一入備經營。
案頭揮筆風添勢，夜半構思月助明。
花結錦成人易懶，飛雲露白馬登程。
如君折得蟾宮桂，自爾高山聽鹿鳴。（其二）

第一首先寫秋雨淋濛之際，君將遠行，詩人囑咐丈夫早晚注意防寒，一個「添」、一個「透」，表達了詩人細膩的心思和對丈夫無限的關切。尾聯一句「會當得副青雲志」表現了詩人對丈夫才華的肯定，但又叮囑丈夫不可「靜案幽窗」因爲思念自己而耽誤了讀書。這一句實是欲說還休，用反話表達對丈夫的思念，也希望丈夫不要將自己遺忘。第二首讚美意味更加濃厚，言郝懿行「小試文場久擅名」，此次「案頭揮筆風添勢」，定能蟾宮折桂。最後一句「自爾高山聽鹿鳴」更是對丈夫仕途顯達的殷切期盼。

郝懿行在濟南時作《步原韻》二首（即步王照圓《戊申秋試寄蘭皋》二首之韻）回贈王照圓，還有《濟南歸途有作贈瑞玉》一詩，也表達了對瑞玉「千里遙相憶」的感激之情。

王照圓遙寄相思的詩歌數量雖少，卻是情感最眞實、最細膩的那一部份。王照圓在詩中不是「平生要作校書女」的女學者，也不是嬌滴滴的出嫁新娘，而是一位思念遠方丈夫的婦人。但詩歌整體上沒有一般思婦詩的哀怨與淒苦，於期盼中更帶一份自信和堅強，這與王照圓的性格和對自己的認可有莫大關係。

## 四、抒寫抱負

王照圓的詩歌中屬於這一類的主要有《偶題》、《勵志》、《河鯉登龍門》和《邦家之光》。這類詩歌不同於上述借景抒情、託物言志之作，而是直抒胸臆。前兩首主要寫自己對志向的不懈追求，後兩首則主要寫王照圓對夫妻二人以及整個家庭的共同期盼。

清代女學大盛，「女子無才便是德」的觀念受到衝擊，很多女性作家不甘心受封建禮教的束縛，渴望抒發胸中豪情，不僅希望在同性文壇中爭一席之地，並且心懷與男子一爭高下的抱負，由此帶來了對才名的強烈追求。清代誕生了很多像袁枚女弟子、蕉園七子之類的女性作家群體，彰顯了女性文人要求平等、尋求思想解放的呼聲。

王照圓出身於齊魯之鄉，自小對儒家禮教耳濡目染，但這並未影響她對才名的追求。試讀《偶題》：

　君須孝也也須忠，女子顯揚男子同。

　氣吐九霄光日月，裙釵端的是英雄。

首句言君須忠孝兩全，自是對儒家綱常禮教的尊崇，而緊接著一句「女子顯揚男子同」從字面上看明顯與前句相悖。但在詩人筆下，這卻是很自然的事情。這裡的「君」，我們不可以狹義地理解成男性，這裡的「忠」也不可輕易理解爲忠誠之意。王照圓身爲人女，有孝敬父母的義務，作爲人婦，更應當相夫教子，這是照圓所泛指的「孝」，而至於「忠」，筆者以爲可以理解爲忠於自己的內心。詩人借氣吐九霄，光耀日月，將衝天的壯志抒寫地淋漓盡致，更以一句「裙釵端的是英雄」，將女子不輸於男子的豪情表現得一覽無餘。同樣直接抒寫抱負的還有《勵志》：

三十年來拂面塵，而今未改鏡中春。

平生要作校書女，不負烏衣巷里人。

這一首可謂是王照圓才名觀念的最好詮釋。詩人三十年來也歷經一些風霜雨露，但鏡中紅顏卻未改半分，一如初生的花蕾，嬌豔如春。這兩句顯然用了誇張的手法，詩人經風拂塵而未改的不是容貌，而是一顆努力向上、追求理想的決心，即「平生要作校書女」。王照圓父親早逝，自小受母親督促教導。王照圓《聽松樓詩稿跋》中自敘：「先慈林太安人，恒督課之，讀至夜分，不中程，不得息，蓋廿餘年如一日。」〔註 17〕可見母親對照圓的期盼之深。照圓也曾有「自恨爲女，纓擊於人，義又不得以身殉親」〔註 18〕的深深遺憾。爲了不辜負母親的期望，王照圓勤奮好學，在文學和經學領域都做出了一定成就，以實現自己「不負烏衣巷里人」的承諾。

除了抒寫自己的抱負，王照圓在詩中還寄託了對丈夫以及整個家族的祝福。如《河鯉登龍門》一詩祝願丈夫早登龍門：

龍門最喜列千層，河鯉奮身自可登。

三汲浪中神變化，九天雲外忽飛騰。

行看直上辭波濁，倏爾凌空見海澄。

雷雨匉訇偏助勢，凡魚哪得望同升。

詩人用河鯉跳龍門的典故暗指丈夫雖未出身豪門貴冑，但通過自己的努力亦可登攀高峰。河鯉淺翔水底，千變萬化，蓄積代發，有朝一日定能飛入九天。一洗滿身濁浪，於天際俯瞰唯見青海碧波，何等氣魄。至此詩人對丈夫的讚美已是無以復加，尾句又言雷雨相助，添其氣勢，看似是貶非褒，但深層意義上只爲表明丈夫並「非凡魚」，有天助其成罷了。情境忽高忽低，忽快忽慢，急切中給人灑脫之感，也表達出詩人期盼之中的一絲從容。

《邦家之光》不僅讚美丈夫，還表達了詩人對整個家族的祝願。

---

〔註 17〕韓寓群主編：《山東文獻集成》第二輯第 48 冊，王照圓《曬書堂閨中文存》，第 646 頁。

〔註 18〕韓寓群主編：《山東文獻集成》第二輯第 48 冊，王照圓《曬書堂閨中文存》，第 643 頁。

丈夫立志慕龍光，觀國用賓逢聖王。

蓮漏朝天輝彩筆，桂花滿樹現文章。

和鸞燕笑登螭陛，嘉客笙簧樂玉堂。

拜手賡歌成上理，一人齊祝壽無疆。

《詩經・小雅・南山有臺》有云：「樂只君子，邦家之光。樂只君子，萬壽無疆。」〔註 19〕從題目上便能看出詩人對丈夫及家庭的滿心祝願。前兩句用「龍光」、「聖王」、「朝天」、「桂花」等預示著仕途顯達的詞語來表達對丈夫的殷切期盼。緊接著以「和鸞燕笑登螭陛」表明自己也和丈夫一同努力向上，唯有如此高堂才能喜樂，才能落得嘉客笙簧、滿座生輝。唐李白《明堂賦》云：「千里鼓舞，百僚賡歌。」可見賡歌一起，更是熱鬧非凡。眾人齊祝壽無疆，是對美好生活的眞切祝福。詩人筆起「邦家之光」，筆落「萬壽無疆」，前後呼應，使整首詩的意圖清晰明瞭。

王照圓這類的詩歌直抒胸臆，表達了對才名的追求，對丈夫和家庭的美好祝福。對這些詩的解讀，有助於我們更加瞭解王照圓的內心世界。

## 五、日常生活

王照圓的詩歌中屬於這一類的主要有《驅蚊》二首、《福山二伯母索詩題》和《家人祭財神索爾有作》十首。這類詩歌多描寫日常生活，有的專門刻畫生活場景，例如《驅蚊》其二：

蒲臺艾葉兩濃薰，剛到黃昏喚辟蚊。

捲起湘簾煙漸細，繁聲莫遣小兒聞。

第二首寫詩人在黃昏時分焚燒蒲臺和艾葉以驅蚊，捲起湘簾，見濃煙漸細，蚊蟲漸少，終於沒有吵雜的聲音來打擾小兒睡覺。這一首實際刻畫了一個爲孩子驅趕蚊蟲叮咬的慈母形象，寥寥數語，情感逼眞。

《福山二伯母索詩題》一詩，是應事而作：

慈闈屢向索詩篇，舊稿抛殘已數年。

燕石何堪供一笑，休將兒女話人前。

首句點名作詩之緣由乃伯母索詩。接著詩人將自己的舊詩稿比作燕石，以爲實在不値得拿出來供閱，實爲自謙之詞。這首詩沒有特別的旨意，寫親人之間的往來，給人親切之感。

---

〔註 19〕〔漢〕鄭玄箋，〔唐〕孔穎達疏：《毛詩正義》卷十一，第 151 頁。

王照圓這類詩歌中還有借生活瑣事反映社會現實的詩歌，詩人的人生態度從中可見一二。最典型的就是《家人祭財神索爾有作》十首。因爲數量較多，在此只選取一首最具代表性的以供鑒賞。

竹林風采儼如神，手握牙籌定不貧。

阿堵無言錢故在，當年鑽李又何人。（《家人祭財神索爾有作》其六）

全詩借用了王戎、王衍的典故寫世人對錢財的熱愛。王戎是魏晉「竹林七賢」之一，神采奕奕頗有風度，卻視財如命。《晉書・王戎傳》載：「（戎）性好興利，廣收八方園田水碓，周徧天下，積實聚錢，不知紀極。每自執牙籌，晝夜算計，恒若不足。」〔註20〕照圓詩中「手握牙籌」一語便是對王戎的諷刺。阿堵，語出《世說新語・規箴》，六朝王衍爲人清高，言不及「錢」字。妻子故意將銅錢串起來繞床一周擺放，王衍醒來，無法下床，便大呼婢女：「舉卻阿堵物！」阿堵由此藉以指代錢財。尾句詩人又引王戎鑽李的典故，指責他雖家財萬貫卻吝嗇至此，以此諷刺世人視財如命、自私自利的社會現狀。全詩引用了三個典故，靈活自如，鑲嵌自然巧妙，有意爲之而無生硬之感。郝懿行評價這十首祭財神詩：「十首借題抒寫一氣呵成，淋漓盡致，卻不顧世眼驚也。」〔註21〕十分地中肯。

此外，徐世昌《晚晴簃詩匯》收錄王照圓《題阮太師母石室藏書小照》，《和鳴集》中未載，亦可歸入此類。

纂詁擘經萬卷收，嫏嬛仙館翠煙浮。

齋名積古從公定，室有藏書是母留。

儉素時妝無一點，丹青小照足千秋。

應知淡月疏桐夜，緬想音容在選樓。

關於此詩的寫作緣由和背景，徐世昌注云：「芸臺先生夫子己未會試座主也，母夫人氏林性耽墳典。圖中小像獨坐石上，芸臺先生執書侍立於前。」〔註22〕阮元，字伯元，號芸臺。王照圓蓋因郝懿行之故與阮元相識，此詩是爲阮母林太夫人《石室藏書小照》題詞。阮元書齋原名稽古齋，因乾隆帝曾指出他

〔註20〕〔唐〕房玄齡等：《晉書》（第四冊）卷四十三，北京：中華書局，1974年版，第1234頁。

〔註21〕韓寓群主編：《山東文獻集成》第二輯第49冊，郝懿行、王照圓《和鳴集》，第74頁。

〔註22〕〔民國〕徐世昌：《晚晴簃詩匯》卷一八六，《續修四庫全書》本，集部第1633冊，第425頁。

誤把「稽古」寫作「積古」，阮元所以爲了表示感念皇恩不忘，遂將此齋名爲「積古齋」。王照圓「齋名積古從公定」一句即指此事。阮元自小受母親教導勤奮讀書，對母親十分感恩，這與王照圓的經歷相似。阮母雖然去世，但音容宛在。詩人寥寥幾筆表達了對阮母的崇敬，其中定然也飽含著對母親林孺人的懷念，讀來十分感人。

王照圓描寫日常生活反映現實人生的詩歌，毫無嬉笑怒罵，給人溫雅深邃之感。語言質樸簡潔，典故運用靈活巧妙，於日常瑣事中見深意。詩人雖居閨閣之中，卻能感悟生活眞諦，或悲或喜，皆是至言。

## 第二節　王照圓詩歌的藝術特色

中國古代詩歌發展到清初，順應了學術文化思潮由空疏之心學到復古形態的經世致用之學的轉變，逐漸轉向傷時憂世。以黃宗羲、顧炎武等人爲代表的遺民詩人拋棄了晚明詩歌專主表現自我、率眞淺俗的理論觀念，遵循經世致用的文學觀，強調「詩本性情」但應「爲時」、「爲事」而作，創作了大量抒發黍離之悲、滄桑之感的詩歌。「清初詩從總體上說是繼承和發揚了貫穿中國詩史中的緣事而發，有美刺之功，行『興、觀、群、怨』之用的傳統精神，同時也繼承和發揚了傳統的審美藝術的特徵。」〔註 23〕稍後王士禛的神韻詩追求含蓄蘊藉的境界，使得中國詩歌的傳統精神和古典審美特徵再一次獲得了發揚。清中葉詩歌發展呈現多元化，既有沈德潛、翁方綱等人固守儒雅復古的陣地，又有袁枚、趙翼等人對性靈的標榜，後者在風格和藝術特點上以「吟詠性情」爲出發點，創作了大量的描摹自然山水、抒發個人情趣的詩歌，可以說是「晚明文藝思潮的隔代重興」〔註 24〕。同生活於乾嘉時期，王照圓的詩歌創作在數量上不及沈善寶、席佩蘭〔註 25〕等人，在內容和藝術手法上也不及沈、席等人豐富，但她通過自己對生活的獨特體驗和獨樹一幟的藝術手法，既反映了生活，又抒發了情感。她的詩歌既有女性詩歌創作的共性，又不乏自己的特色，在山左詩壇中佔有一席之地。

〔註 23〕袁行霈主編：《中國文學史》第四卷，北京：高等教育出版社，2005 年版，第 205 頁。（以下所引版本俱同）

〔註 24〕袁行霈主編：《中國文學史》第四卷，第 321 頁。

〔註 25〕沈、席二人是清代乾嘉時期江南地區著名的女詩人，一生創作了大量的詩詞。二人均爲袁枚的女弟子。

《和鳴集》共收錄了王照圓 39 首詩歌，如前所述，按照內容可分爲新婚對唱、寫景詠物、遙寄相思、抒寫抱負、日常生活五大類，既有女性情懷的展現，豪情壯志的抒發，又有對現實生活的反映。與之相對的，王照圓的詩歌呈現出一種剛柔相濟的風格，雄深雅健、俊爽流利、閒適飄逸、婉麗穠纖都兼收並蓄。在表達方式上表現爲借景抒情與直抒胸臆相結合的特徵，使得詩歌整體上達到了情景交融的效果。藝術手法靈活多樣，追求以和爲美的優雅境界，讀之讓人回味無窮。

## 一、充滿女性柔情又不乏男子氣魄的格調

作爲一名生活在封建時代的女性，王照圓與歷代女性詩人一樣，詩歌多以女性口吻，從女性視角入手，描寫女性的生活和情感。不論是形象描寫還是語言、意象和節奏的安排，都更多地帶有一種女性的柔美。但特殊的學者身份，和不斷超越自我、尋求解放的理想信念，使得王照圓的詩歌又飽含男子氣概，尤其是那些抒發志向的勵志詩，氣勢慷慨豪邁，無不散發著遒麗的剛性之美。這兩種格調一剛一柔，剛柔相濟，使得王照圓的詩歌柔情中有剛勁，豪氣中有纏綿，呈現出一種獨特的人性魅力。

### （一）活潑靈動而又不失高雅的婦人形象

自古以來，無論是男性詩人還是女性詩人，多喜歡在詩中刻畫女性形象。尤其是那些重在抒發個人情感的抒情詩，從漢樂府到古詩十九首，再到南北朝時期的宮體詩等等，或哀怨或剛烈，都喜歡以女性口吻敘事、抒情。這不僅僅是因爲女性特殊的社會地位更容易委婉地表達對社會的不滿，更因爲女性天生對生老病死、物候變化有著較強的敏感度，因而所抒之情更加細膩。王照圓所作 39 首詩歌，無論描寫新婚對唱，寫景詠物還是刻畫生活場景，皆是以自我爲主人公，尤其是描寫婚姻美滿和抒發思念之情的詩歌，爲我們刻畫了一個與眾不同的婦人形象。

王照圓的幾首描寫新婚對唱的詩歌，爲我們刻畫了一個活潑俏麗的女主人公，不同於一般的大家閨秀。如《催莊》一詩，詩人以「宜室欣喜題句，今居喜詠詩」來描寫自己初嫁爲人婦的生活，內心自是十分喜悅和滿足，而非是表現出一般女子常有的嬌羞或遠離父母兄弟的悲傷。想來在王照圓心中，與郝懿行的結合可謂天賜良緣，她二人之間的婚姻生活更是充滿了趣味，

詩人初嫁便這般欣喜也就很好理解了。再如《卻扇》一詩爲我們刻畫了一個在新婚之夜與丈夫挑燈作詩的新婦形象，十分地活潑爽朗，使得才華橫溢的丈夫郝懿行也自歎不如。這二人彷彿是相識多年的好友，把酒暢談，這種自在自如的氛圍讓人不禁想起易安居士李清照在新婚燕爾以《減字木蘭花》一首試探丈夫趙明誠，「徒要教郎比併看」的有趣場景。還讓人聯想起蘇小妹新婚之夜出題爲難丈夫的逸聞。三個女主角同樣的可愛俏皮又文采斐然，非是一般女子所有的品性。

王照圓這類詩歌以刻畫夫妻二人的婚姻生活爲主，但並無男女之間打情罵俏的場面，而更多地描寫溫馨和諧的美好生活，這使得女主人公雖然活潑俏皮卻不失高雅莊重的氣質。她的幾首寄託相思的詩歌也體現了這一點。如《戊申秋試寄蘭皋》二首作於二人新婚不久郝懿行赴京參加秋試期間，詩中以鼓勵丈夫爲主，將自己的濃濃思念隱匿其中，而絲毫不見悲傷之語，表現出一個妻子的豁達與氣度。這使得那位活潑靈動的新婦形象更加豐滿，更顯高貴氣質。這樣的一位女性，不由得讓人心動，想來也是王照圓眞實的寫照。

### （二）柔美清麗又不失峻拔的意象群和豐富多彩的語言藝術

王照圓以女性特有的敏感，描寫自然景色，抒發女性情懷，加之她性格爽朗，詩中所採意象必然帶著一股清麗柔美，這主要表現在她的寫景詠物詩中。如《風暖聞啼鳥》一詩，運用了飛鳴、芳林、曉樹、雲巢、青枝、翠影等一系列嫻靜優美的意象，讓人心馳神往。又《桃始華》一詩，運用了韶光、夭桃、和風、綠葉、細雨、丹葩、朝日、晚霞、芳林、蝴蝶等一系列的淡雅意象，襯托出大自然的勃勃生機。這類清麗柔美的意象在王照圓的詩歌中俯拾即是，增添了詩歌的韻味，也飽含著女性的穠纖柔情。

除此之外，王照圓詩歌中還有很多峻拔勁健的意象，呈現出另一種格調。例如她的兩首詠梅詩，以清香、嶺上、明雪、凍蕾等意象，刻畫出梅花傲立風雪的英姿。又如《竹箭有筠》中的箭筠，《風雨交集》中的庭前竹，都將竹子刻畫地青拔有氣節。不獨寫景詠物詩，王照圓的幾首寄託相思和抒寫抱負的詩歌，也運用了很多清峻的意象，營造出一種豪壯的氣勢。如《戊申秋試寄蘭皋》其二，詩人以飛雲、白馬、高山、鹿鳴等意象勾畫了一副壯麗的景象，襯托出丈夫遠去時詩人悲壯的心情。《偶題》後兩句「氣吐九霄光日月，裙釵端的是英雄」以九霄、日月、英雄等意象，抒發了詩人內心不輸於男子的遠大抱負，寫得鏗鏘有力。《河鯉登龍門》一詩更是運用了龍門、河鯉、三級浪、九雲天、雷雨等氣勢磅礴的意象，連結成雄豪壯闊的審美意境，讀之令人心曠神怡。

清麗柔美與峻拔清勁相結合，是王照圓意象運用的獨特之處，這與她特殊的女性身份而又爽朗豪氣的性格有著密切關係。設想也只有這樣一個柔美又不乏男子氣魄的女性，才有可能在意象運用上達到這樣的效果，使得詩歌於女性柔情中帶有獨特的剛性魅力。

以上所列意象，無論柔美或遒勁，都大多是以白描的形式出現，畫面感極強。這裡值得注意的一點是，在王照圓的詩歌中，有幾類意象反覆出現，帶有一定的象徵性意味。如前所述，王照圓喜詠梅、詠竹，梅花之高潔、竹之氣節都是王照圓傾心歌頌的美好品質。這些意象象徵著那些不隨波逐流、不甘世俗的人，即使群芳開遍也依然保持著高潔傲岸的姿態，擁有任憑大自然風雲變幻我自節節高升的氣魄。再如迎春花也是王照圓鍾情的對象，在王照圓筆下，迎春而放的花蕾不僅僅是春天的使者，更是美好生活的嚮導，它預示著寒冬已經過去，美好的生活會隨之而來。此外，九天、飛龍、飛魚等也是王照圓喜用的意象，它們抒發了王照圓心中的衝天豪氣，而結伴而飛的禽鳥、鳴鳳則寄託了王照圓對美好婚姻生活的憧憬。

王國維曾說：「以我觀物，物皆著我之色彩。」（《人間詞話》）在王照圓筆下，這些充滿象徵和寄託意味的意象，與其說象徵著一些人的美好品質，不妨說就是王照圓精神生活多方面的寫照。她在刻畫這些意象的同時，也將自己融入進去，隨飛鳥一同結伴，隨飛龍一起遨遊，使得一字一句都滲透出王照圓高貴美好的氣質。

與詩中柔美清麗不失峻拔的意象群相應的，王照圓使用的語言也是柔中帶剛，這主要表現在她對動詞和描寫色彩冷暖的詞語的靈活運用上。如《桃始華》中間三句「和風吹綠葉，細雨潤丹葩。爛漫迎朝日，輕盈鬥晚霞。芳林鶯出谷，暖囿蝶尋花。」，既有給人輕柔之感的「吹」、「潤」、「迎」等動詞，也有昂揚向上的「鬥」、「出」、「尋」。詩人在無限美好的春光裏尋找新的生機與活力，這種場景給人無限遐想，令人神往。再如《迎春花》的前三句：「皆覺陽和至，迎春早吐花。風來舒綠葉，律轉鬥黃葩。凍蝶驚新夢，寒蜂出舊衙。」一連用了「至」、「吐」、「舒」、「鬥」、「驚」、「出」六個動詞，有緩有激，共同構成了一副動靜相連的場景。

除了動詞的柔中帶剛，王照圓還喜歡在詩中運用不同層次的顏色詞和冷暖詞，構成剛柔相濟的和諧感。如《春雪間早梅》：

春暖陽和至，輕明雪尚堆。銀光鋪素玉，嶺上鬥紅梅。

日出芳枝溼，花繁凍蕾開。寧隨群卉茂，獨佔百花魁。

全詩首先用了「雪」、「銀」、「素」三個表示顏色的詞語描繪出一幅白雪皚皚、銀裝素裹的淡雅畫面，忽的嶺上一株紅梅映入詩人眼簾，讓詩人欣喜又心動。以白雪襯紅梅，色彩對比如此鮮明，十分奪目。而且白與紅這兩種色調本就給人一冷一暖之感，再加上暖陽和凍蕾的鮮明對比，讀來彷彿周身的皮膚都能體驗到這氣候的改變，給人十分眞實的觸感。

王照圓在語言的使用上沒有華麗的修飾，也沒有刻意的拼湊，只是自然地描摹，細心地雕琢，靈活地調用動詞和形容詞，營造一種暗與亮的呼應，靜與動的交替，冷與暖的過渡，達到一種渾容一氣的純美境界。

### （三）張弛有度、時急時緩的節奏感

女性天性的敏感，加之對生活的獨特體驗，使得王照圓在詩中時常營造出一種時急時緩又或悲喜交替的節奏感。如《竹箭有筠》：

喜見庭前竹，菁菁綠幾尋。虛心千尺迥，勁節四時深。

豎直同松柏，青蔥閱古今。棲柯鸞鳳穩，林外聽瑤琴。

首句寫詩人見到庭前新竹的驚喜，緊接著以竹箭之筠喻人之氣節，表達了自己高尚的道德追求，「豎直同松柏，青蔥閱古今」之語使得整首詩由最初輕鬆愉悅的格調轉爲凝重肅穆，但接下來筆鋒又一轉，詩人閉目，彷彿置身於層層竹林之外，望見那成對的鸞鳳穩穩棲息在竹上，林中不斷地傳來悠揚的瑤琴聲，方才凝重的氣氛轉眼變得靜謐而祥和，讓人感覺靈魂在迴旋的琴聲中悠閒地游蕩。

除了上面寫景詠物的詩歌，王照圓描寫生活場景的詩歌也注入了自己獨特的生命體驗，雖無意爲之，卻時常給人驚喜之感。如《驅蚊》其二：

雷聲隱隱遠飛來，快喚阿奴羽扇開。

幾樓雲煙空繚繞，麼麿盡掃作塵埃。

詩人先寫雷聲隱隱飛來，爲我們營造了一副一場大雨即將襲來的緊張畫面。但令詩人擔心的並非大雨，而是蚊蟲，於是急忙喚阿奴打開羽扇驅趕。雲煙繚繞，塵埃盡掃，方才緊張的情緒又得以舒緩。詩歌節奏一緊一緩，張弛有度。

對丈夫而言，王照圓是一位識大體、有氣度的伴侶。但作爲妻子，面對與丈夫的離別，王照圓心中也充滿了悲傷，時常陷入對從前美好生活的回憶中不能自拔，以致於在詩歌中表現出一種悲喜交替的層次感。王照圓這類描寫離別之苦的詩歌並不多，比較有代表性的是《新秋晚涼即事》：

繩牀露坐望天街，牛女無言傍水崖。

卻聽鄰家喧笑語，隔牆燈影落牙牌。

初秋時分夜晚倍涼，詩人露坐遙望天街，只見牛郎織女雙星無語，於天河兩岸相互對望，就如同自己與丈夫遙相對望一般，悽楚之情油然而生。又忽的聽到牆外傳來鄰家嬉笑的喧鬧聲，想到昔日與丈夫對坐庭院，笑聲不斷，濃情無限，詩人更加黯然神傷。臨家投來燈影，照在牆垣上，詩人起身想尋覓一點丈夫在時的影子，卻不小心掉落了牙牌。想到新婚之時與丈夫夜行酒令，吟詩對唱的場景，一種相思，兩處閒愁，才下眉頭，又再上心頭。這首詩沒有對郝懿行才華的讚美，也沒有對他前途的期盼，有的只是作爲妻子的濃濃相思，情眞意切皆從「無言」中流露。

## 二、新奇高雅的修辭手法

### （一）靈活巧妙的比擬和典故

比擬是詩歌中最常見的修辭手法之一，是詩人抒情言志不可或缺的一種表現方式。這種手法在王照圓的詩歌中也是俯拾即是。如前文所述帶有象徵性意味的意象——梅花，「不隨群卉茂，獨佔一陽開」（《梅花》），「寧隨群卉茂，獨佔百花魁」（《春雪間早梅》），均是以群花爭妍來喻世人的爭名奪利，梅花則比喻那些不隨波逐流的高潔之士。再如以「虛心千尺逈，勁節四時深。豎直同松柏，青蔥閱古今」（《竹箭有筠》）修飾竹箭，「風來舒綠葉，律轉鬥黃葩。凍蝶驚新夢，寒蜂出舊衙」（《迎春花》）以人的行爲動作描寫春來萬物復蘇、欣欣向榮的景色，還有「如膏催柳綠，似扇弄花妍」（《風雨交集》）一句，一個「催」，一個「弄」，寫出了春風輕拂萬物的動人姿態，看不見卻又處處可見。

這種比擬的手法在王照圓的詩歌中比比皆是，此外，王照圓還喜歡將原本已經約定俗成的比喻套以新的含義，十分地恰到好處，給人耳目一新之感。有代表性的一首是《關關雎鳩》：

鷲鳥飛來度遠洲，相關對語兩情投。

清音嚦嚦遙連水，雅韻悠悠喜聽鳩。

鸞鳳和鳴流太液，鴛鴦逸鄉振皇州。

會當飛入龍津里，飲啄上林得自由。

郝懿行《詩說》有云：「丁未冬，偶與瑞玉賦《關關雎鳩》。瑞玉句中用『匹鳥』等語，余笑曰：『雎鳩，摯而有別，非鴛鴦狎暱之比，君乃蔡中郎誤讀蝦蟆耳。』余得句云：『八百餘年開大業，誰知窈窕始鳴周。』」〔註 26〕戲謔王照圓亂用詞語，而筆者以爲此處正是王照圓用語獨到之處。以「鷲鳥不成雙」喻高潔之人不與世俗同流合污是古詩中常用的手法，王照圓卻言「相關對語兩情投」，蓋鷲鳥是其自喻，遠渡即爲出嫁，而情投意合自是她與郝懿行的美滿結合，絲毫未有鷲鳥相爭之意。賦予了「鷲鳥」這一意象新的含義，更賦予了「鷲鳥」新的生命力，也寄託著王照圓對婚姻生活的美好祝願。與此相似的還有《河鯉登龍門》一詩中的「雷雨」這個意象，在大多數人詩人詩中，「雷雨」象徵著惡勢力和阻撓人們前行的艱難困苦，但在王照圓筆下，這一意象卻成爲了丈夫飛躍龍門的助力。這自然也是爲了抒發對丈夫的才華的讚美，就連雷雨也偏偏要來相助，可見丈夫並非凡魚。這種手法打破了常規，賦予了反面意象以正面的含義，不覺一絲扭捏，不僅恰到好處，還使得整首詩要表達的主題更加鮮明。

王照圓詩中也靈活運用了許多典故，往往能取得翻新出奇的效果。如《卻扇》二首，題目取自《世說新語》中「溫嶠娶妻」的故事，本指新娘在行禮之時以扇遮面，而王照圓卻打破了這一典故約定俗成的寓意，以「結團圓」形容新婚夫婦的結合，詩中刻畫的女主人公毫無新婚之時的羞怯之感，實乃新創。《卻扇》其一還引用了李白「妙筆生花」的典故，讚美了丈夫的才華橫溢，也是恰到好處。

佳夕雙星會，焚香寶篆薰。妾心非愛酒，君志可登雲。

績錦書添色，生花筆有文。不堪燈下讀，拙作謝殷勤。

此外，《家人祭財神索爾有作》其三化用了班昭永初七年作《東征賦》的典故：

下筆千言如有神，等身著述不爲貧。

玉臺金屋皆黃土，惟有永初作賦人。

〔註 26〕韓寓群主編：《山東文獻集成》第二輯第 46 冊，郝懿行《詩說》，第 789 頁。

通過對班昭的讚美，抒發自己不畏貧困，只願著述等身的美好追求。

其八：

澗菜溪毛可薦神，瓣香留得孔顏貧。

簞瓢疏水依然在，閱盡浮雲世上人。

讚美了像孔子、顏回這樣安貧樂道的人，即使是「澗菜溪毛」，只要心誠便可祭神，以此反襯那些奢靡浮誇的世人。

## （二）欲說還休的表達技巧

王照圓二十五歲嫁給郝懿行，儘管生活時有困窘，但二人的感情一直十分甜美。在郝懿行眼中，王照圓既是妻子，又是知音。在王照圓心中，郝懿行既是丈夫，又是榜樣，她希望郝懿行有機會施展自己的抱負，這種希望不亞於她對郝懿行的夫妻之愛。因爲這種特殊的雙重的身份，王照圓時常在詩中，尤其是郝懿行赴考期間二人相互寄贈的詩歌中，表達一種矛盾的心理，那便是一方面表達期盼，一方面在寄託相思之餘流露出對丈夫遠離自己的哀傷。思念之情慾說還休，只盼丈夫與自己心意相通，能於字裏行間體味自己的深意。比較有代表性的《戊申秋試寄蘭皋》其一：

七月初旬零雨濛，君將行路日曈曨。

登山臨水千程遠，撥霧披雲萬里通。

早起單衣添曉露，晚眠細葛透清風。

會當得副青雲志，靜案幽窗莫輟功。

詩人先是描寫依依不捨的送別場面，中間兩句抒發了對丈夫旅途的擔憂。末句「會當得副青雲志」表現了詩人對丈夫才華的肯定，但又叮囑丈夫不可「靜案幽窗」而耽誤了讀書。這一句實是另有深意。由前三句可知詩人十分掛念自己的丈夫，她一方面希望丈夫高中，另一方面又擔心丈夫在外的生活，按照這種情感發展，末尾一句必定是詩人這種關切的昇華。所以詩人勸說丈夫不要耽誤讀書，實際上是提醒丈夫不要因爲太用功讀書而不顧自己的身體。濃濃深情，欲說還休。

此外，《飛鴻鄉遠音》也有類似的表達效果。

塞上春回鴻欲歸，雙雙攜伴喜同飛。

清聲嘹嚦浮蒼靄，餘韻悠揚度翠微。

一一天邊橫逸翮，遙遙雲際趁斜暉。

鳳凰池上應先入，鄉近丹霄白玉扉。

春回大地，鴻雁南歸，雙雙攜伴同飛，二人似是久別重逢。綜合前面分析可知，王照圓似乎有意以久逢知己來審視與郝懿行的結合，所以此詩不論作於新婚還是小別之時，都在情理之中。斜暉脈脈，江水悠悠，鴻雁於天邊一字擺開，清聲嘹嚦，餘韻悠揚，聲聲觸動詩人的情思。鳳凰池應及時入，表達了王照圓對丈夫走上仕途的殷切期盼，但一句「鄉近丹霄白玉扉」又表達了王照圓對丈夫不要遠離家鄉的渴望。以此推斷此詩大致作於郝懿行中舉人歸途之中，比《戊申秋試寄蘭皋》二首稍晚一些。前者是滿心期盼，而此時卻是滿心歡喜又害怕與丈夫分離。一轉一折間，情絲纏繞，看似矛盾糾結，卻是濃情無限。

（三）亦莊亦諧的諷刺藝術

王照圓雖身居閨中，很少接觸社會，但她博覽群書，對生活諸事頗有見地。而且她性格耿直，對社會上存在的一些弊病，往往借助於一些啼笑皆非的典故，不吝筆墨地進行諷刺和嘲弄，使詩歌達到一種意想不到的效果，可謂亦莊亦諧，俱臻妙境。這主要表現在她反映現實生活的幾首詩歌裏，如《家人祭財神索爾有作》其一：

卵蝦香楮薦靈神，聞道此君解濟貧。

多少繁華桃李占，梅花寒似讀書人。

上聯詩人寫世人以「卵蝦」、「香楮」祭奠神靈，以爲如此便能擺脫貧困，然而只有富人之家才能擁有這些祭品，那窮人豈不是永遠也無法擺脫貧困？下聯詩人以「桃李」喻那些享盡世間繁華的人，以「梅花」喻寒苦的讀書人，無奈之中透著對「富則愈富，窮則愈窮」的社會現狀的嘲弄。而這種嘲弄和諷刺在王照圓筆下又並不顯得犀利，郝懿行贊其「沉實高華，抑揚瀟灑」，實在貼切。再如前文所提到的《家人祭財神索爾有作》其八，詩人以孔子、顏回的清貧樂道諷刺世人的奢侈，郝懿行更是以爲讀此詩可使「大家猛醒」。

王照圓詩歌中最具有諷刺意味的是《家人祭財神索爾有作》其五：

青蚨萬貫妙神通，兩世盧生故是貧。

三十鑪頭騰鬼火，冥間亦有愛錢人。

青蚨，是血蟲的學名，指代錢，古有「青蚨還錢」一說。《淮南子・萬畢術》注：「以其子母各等，置甕中，埋東行陰垣下，三日復開之，即相從，以母血塗八十一錢，亦以子血塗八十一錢，以其錢更互市，置子用母，置母用子，錢皆自還也。」詩人言「妙神通」實爲諷刺。接著用盧生「黃粱一夢」的典故來說明貪圖富貴卻不加努力，只會耍小聰明作白日夢之人，終究擺脫不了貧困。郝懿行注後兩句曰：「宋人小說稱盧懷慎暴死，復蘇歎曰：『冥司有三十鑪，日夜爲張說鑄橫財，我無一焉。』」詩人這裡用此典故說明沒有錢財，即使死後進入陰間也無法生存，諷刺世人視財如命而貧苦之人生死不能的社會弊病。詩人以詼諧之筆寫人間悲情，郝懿行贊其語「詼諧入妙」，可謂至言。

## 三、以和爲美的優雅境界

早年受到母親的悉心教導，于歸後又得丈夫郝懿行的細心呵護，王照圓的一生是美好而充實的。她不僅僅是一名合格的妻子，孝順的兒媳，稱職的母親，更是一位著述繁複的女學者。這種美好的生活經歷，加上外界對自己的認可，使得王照圓心中充滿了對親人的感恩和對美好生活的憧憬，所以她的詩歌儘管數量不多，但大多都籠罩著一種和諧的氛圍。這種氛圍得益於她詩中所使用的很多成對出現的意象，尤其是才子佳人的結合。再加上王照圓與郝懿行夫婦對唱的形式，更加增添了詩歌的和諧之美。這種優雅的和諧的境界，不僅僅讓詩人自己覺得美好，也讓讀者心情倍感舒暢。

在王照圓的詩中，不論是象徵性的意象，還是白描性的意象，大多是成對出現的。如「佳夕雙星會，焚香寶篆薰」（《卻扇》）、「繩床露坐望天街，牛女無言傍水崖」（《新秋晚涼即事》）中的牛郎、織女雙星，「鸞鳳和鳴流太液，鴛鴦逸鄉振皇州」（《關關雎鳩》）、「和鸞燕笑登螭陛，嘉客笙簧樂玉堂」（《邦家之光》）、「棲柯鸞鳳穩，林外聽瑤琴」（《竹箭有筠》）中的鸞鳳、鴛鴦，「塞上春回鴻欲歸，雙雙攜伴喜同飛」（《飛鴻鄉遠音》）中結伴而飛的鴻雁，「鷙鳥飛來渡遠洲，相關對語兩情投」（《關關雎鳩》）中的鷙鳥等等，都是美好婚姻愛情的象徵。詩人以此來寄託自己對美好愛情生活的嚮往。

除以上成對出現的詞語，王照圓很多詩歌中總有一對才子佳人的影子若隱若現，這與《和鳴集》的由來有直接的關係。正如郝懿行在《和鳴集序》中所言：「詩者，人所藉以鳴也。金石不和則不鳴，草木無聲風撓之鳴，維詩亦然，集而曰和鳴者。」《和鳴集》是夫妻二人平日裏唱和的詩歌結集而成，而「和」即是整部詩集的主旋律。《和鳴集》共 56 首詩歌，二人唱和步韻的便有《催莊》、《卻扇》、《梅花》、《迎春花》、《關關雎鳩》、《飛鴻鄉遠音》、《邦家之光》、《戊申秋試寄蘭皋》等八首之餘，此外還有《瑞玉請題美人三子圖》、

《擬西崑體贈瑞玉》、《雪夜懷瑞玉》、《濟南歸途有作贈瑞玉》等四首相互寄贈的詩歌。這種「才子唱來佳人和」的唱和模式，配合著才子佳人的組合，和成雙成對的美好意象，共同構成了《和鳴集》「琴瑟和鳴」的主題意蘊。在王照圓筆下，所有生命都賦予了美好的祝願，所有的唱和都成爲了最和諧動聽的旋律。

綜上所述，王照圓的詩歌在以和爲美的主旋律的引導下，內容豐富多樣，藝術特色也十分鮮明。新婚對唱之作，細緻描繪了與郝懿行完婚後琴瑟和鳴的夫妻生活，嬌柔而不造作，爲我們刻畫了一個活潑俏麗的婦人形象；寫景詠物之作，借景抒情、託物言志，景極眞，情極切，志極堅，柔美意象與峻拔意象相互輝映，構成了詩歌剛柔相濟的格調；遙寄相思之作，無離別之蕭索，唯有相思之急切，欲說還休，此情無限；抒寫抱負之作，直陳肺腑，頗多男兒氣概；日常生活之作，借瑣碎之事刺世態之弊，一語中的。王照圓詩歌數量雖不多，但視野極寬，描寫極細，情感極眞，手法獨特，是爲閨秀詩中的佳作。

# 第六章　王照圓散文

## 第一節　《閨中文存》

王照圓《曬書堂閨中文存》收錄於郝懿行《曬書堂集》，是王照圓平日裏所寫的一些散文的彙編，共有十一篇文章。這些文章從內容上可以分爲兩類：一是單純記事抒情的回憶性散文，包括《讀孝節錄》和《記從表妹林氏遺事》兩篇；另一類是王照圓爲自己或他人的著述所寫的敘跋類文章，主要有《葩經小記敘》、《列女傳補注敘》、《列仙傳校正敘》、《列仙傳贊敘》、《夢書題辭》、《晉宋書故跋》、《松岑詩草序》、《聽松樓遺稿跋》、《劉靜春〈古列女傳詩〉序》等九篇，構成了《閨中文存》的主體。以下即從這兩方面對這十一篇文章做簡單介紹。

### 一、敘述類

王照圓這一類的文章雖然只有兩篇，但所寫的內容均是眞情實感，語言樸實不事雕琢，令人讀之倍感愴然。

#### （一）《讀孝節錄》

《讀孝節錄》一文作於嘉慶十五年（1810）冬天，是年王照圓四十八歲。孝節，即臧庸（字在東）哲弟，亡於嘉慶十年（1805）秋。《孝節錄》即臧庸爲懷念其哲弟所寫的回憶性文章。臧庸《列女傳補注序》云：

> 庚午庸再遊學京師，一時師友之盛，日以經史古義相研究，樂此不疲。……時有父子著述，一家兩先生者，王石渠觀察、暨令嗣曼卿學士也。有夫婦著述，一家兩先生者，郝蘭皋户部、暨德配王婉佺安人也。庸寓吳鑒菴通政家，距石渠先生之居，僅數里，因得朝夕請益，而慕安人之學之名，特至，常以《孝節錄》從户部乞言於安人，撰《讀孝節錄》一首以應，性情眞摯，文辭高曠，得六朝文法，書法亦道勁，唐人歐褚遺範也。〔註 1〕

可知王照圓《讀孝節錄》實是受臧庸之請而作。

王照圓《讀孝節錄》先是回憶了自己幼年失怙，在母親恩勤鞠育下長大成人，並受到了良好的教育，表達了對母親無限的感恩之情。然後描寫母親去世後，自己「自恨爲女」，「不得以身殉親」的悲痛和深深的負罪感。本就對母親滿懷思念，今讀臧庸《孝節錄》，王照圓被其中所抒發的「鴿原之痛」深深打動，又汗顏自己「久廢吟詠」，因作詩一首云：

> 經年高閣《蓼莪》詩，齋臼傷心地下慈。
> 聞説三甥眞孝女，寧知女不及男兒。〔註 2〕

抒發了自己不能像男兒一樣在父母身邊盡孝道的遺憾和內疚。

文章簡短但所抒情感極爲眞切感人，行文流暢而不艱澀，語言樸實而不繁蕪，字裏行間留露出王照圓對母親林孺人的深切懷念。

### （二）《記從表妹林氏遺事》

《記從表妹林氏遺事》一文作於嘉慶十九年（1814）八月，是年王照圓五十二歲。這篇文章是王照圓讀牟庭《祭冢婦〔註 3〕林氏》一文有感而發，回憶其從表妹林氏生前的一些往事而作。林氏是王照圓外祖父從孫女，即王照圓的從表妹，後嫁於牟庭之子，英年早逝。

---

〔註 1〕〔清〕臧庸：《拜經堂文集》卷二，《續修四庫全書》本，集部第 1491 冊，第 534 頁。

〔註 2〕韓寓群主編：《山東文獻集成》第二輯第 48 冊，王照圓《曬書堂閨中文存》，第 643 頁。

〔註 3〕冢婦，在中國古代指嫡長子的正妻。《禮記・內則》云：「舅沒則姑老，冢婦所祭祀賓客，每事必請於姑。介婦請於冢婦舅姑使冢婦，毋怠，不友無禮於介婦。舅姑若使介婦，毋敢敵耦於冢婦，不敢並行，不敢並命，不也並坐。」

王照圓首先介紹了林氏與自己的關係，繼而讚美林氏「慧悟絕人，與之語未嘗不令人解顏」〔註 4〕。然而「自古家庭骨肉處之難而百無一全者，莫如嫡孽間，若遭離疑釁而能宛轉彌縫，令父母兄弟無遠言，蓋千無一人焉，尤古今之至難者也」〔註 5〕，而林氏難能之處正在於此。林氏雖爲妾生但深識大義，能很好地處理好大母與生母之間的關係，對大母十分恭敬。後來其生母欲殉其父，終賴林氏「天資孝悌，左右維持之力」〔註 6〕而得以保全。王照圓用懇切的言辭由衷地表達了對林氏「順於舅姑，和於室人」的品質的讚美。

綜上可知，王照圓這兩篇記敘性的散文，從內容上看即是兩篇追念故人的文章。敘事簡單明瞭，語言質樸無華。行文流暢，隨感而發，情感自然流露，眞切動人。

## 二、敘跋類

王照圓這類的文章主要是爲著述所作的敘跋，可以分爲王照圓自序和爲他人著述所作兩部份，茲分別介紹於下：

### （一）自序（跋）

王照圓自序（跋）包括《列仙傳校正敘》（《列仙傳贊敘》）、《列女傳補注敘》、《葩經小記敘》、《夢書題辭》等，在各自所屬的著述的介紹中均有提到，在這裡不做贅述。以下主要介紹一下王照圓爲他人著述所作序跋。

### （二）他序（跋）

1.《劉靜春〈古列女傳詩〉序》

如前《王照圓交遊》部分所述，劉靜春生卒年不詳，字里亦不詳，僅能從王照圓這篇文章推測其著有《古列女傳詩》，胡文楷《歷代婦女著作考》也僅言「是書有王照圓女史序」〔註 7〕，今未見其書，或早已亡佚。

---

〔註 4〕韓寓群主編：《山東文獻集成》第二輯第 48 冊，王照圓《曬書堂閨中文存》，第 645 頁。

〔註 5〕韓寓群主編：《山東文獻集成》第二輯第 48 冊，王照圓《曬書堂閨中文存》，第 645 頁。

〔註 6〕韓寓群主編：《山東文獻集成》第二輯第 48 冊，王照圓《曬書堂閨中文存》，第 645 頁。

〔註 7〕胡文楷：《歷代婦女著作考》，第 547 頁。

王照圓首先肯定了劉靜春《古列女傳詩》的價值，認爲「今詩百二十有五篇，補曹大家一篇也，其詩澹雅，穆如清風而不加雕琢，異乎妃豨，蓋有古澹之遺味焉。」〔註 8〕然後追述了劉向作《傳》、劉歆撰《頌》的經歷，惜其餘篇之不存，進而高度評價《古列女傳詩》「百有餘篇，首尾粲然，取材於《傳》而不溢一言，繼絕響於向、歆。」〔註 9〕更將劉靜春《古列女傳詩》與曹大家《女誡》相提並論，足見王照圓對《古列女傳詩》的推崇。

2.《松岑詩草序》

李扶雲，字松岑，漢軍人〔註 10〕，直隸河間同知李奉瑞之女，戶部主事象曾室，著有《松岑室稿》，照圓《序》云其「編入《熙朝雅頌集》，照耀藝林」〔註 11〕。

王照圓自幼習讀《詩經》，曾著《葩經小記》，對《詩經》有自己獨特的見解。王照圓自幼受到系統的儒家思想教育，受儒家溫柔敦厚的詩教傳統影響，對風雅之作極爲推崇，甚至「不讀變風、變雅之作」，對於風雅之人更是十分欣賞。今讀李扶雲《松岑遺稿》，照圓頓覺「如見其人矣」〔註 12〕，於是心有所感而作此篇。

王照圓細心推測了李扶雲作詩感人至深、「一往纏綿」的原因：

> 蓋宜人生長華門，締姻鼎族。自其幼齡，苕穎秀發，已裁香茗之篇，不乏吟絮之句。及結縭以還，風晨月夕，含咀清英，不有佳作曷伸雅懷？乃萱庭椿樹，俯仰興思，伯姊諸姑，流連寄意，堂上慈親動關，問視家中，絲粟輒費經營，當其搦管裁箋，挑燈拈韻，不過出閨中之緒餘耳而已。清麗芊眠，扇芬風雅之林，勝饗謝鮑之

〔註 8〕韓寓群主編：《山東文獻集成》第二輯第 48 冊，王照圓《曬書堂閨中文存》，第 645 頁。

〔註 9〕韓寓群主編：《山東文獻集成》第二輯第 48 冊，王照圓《曬書堂閨中文存》，第 645 頁。

〔註 10〕漢軍，即漢軍八旗的簡稱，是清代軍事組織的名稱，與滿洲八旗、蒙古八旗共同構成清代八旗的整體，也是清朝族籍的一種。凡漢人於明季降清者，依滿洲兵制，編入漢軍各旗。漢軍八旗的人員入八旗户籍，享受滿洲籍待遇，歸皇家調動。

〔註 11〕韓寓群主編：《山東文獻集成》第二輯第 48 冊，王照圓《曬書堂閨中文存》，第 644 頁。

〔註 12〕韓寓群主編：《山東文獻集成》第二輯第 48 冊，王照圓《曬書堂閨中文存》，第 644 頁。

> 上，加以針神，獨擅粉本如生，其佗藝事精妙無雙，可謂蕙質蘭心、珠暉玉潤者也。〔註13〕

王照圓在讚美宜人的同時也表達了自己愧不如人和對宜人「蘭玉早彫」的遺憾之情。

3.《晉宋書故跋》

《晉宋書故》是郝懿行所作的關於《晉書》、《宋書》的訓詁考論。王照圓曾作《晉宋書故跋》，李慈銘《越縵堂讀書記》贊其爲「足爲千古佳話」〔註14〕。關於王氏此跋是否爲《晉宋書故》而作，又作於何時，歷來學者有所爭議。許維遹《郝蘭皋（懿行）夫婦年譜》認爲此跋即爲郝懿行《晉宋書故》而作，作於嘉慶二十一年（1816）；而張述錚《〈郝蘭皋夫婦年譜〉訂訛》王照圓《跋》作於嘉慶二十一年六月十三日之前，並且此《跋》爲《宋瑣語》、《補宋書刑法志》、《補宋書食貨志》、《晉宋書故》四書的總跋。

王照圓《晉宋書故跋》云：

> 癸酉之秋迄乙亥，夫子養疴廢業，遂罷爾雅之役。維時藥罏常滿，席幾凝塵，披卷停吟，含豪欲臥。余時時料檢，每以卻書靜攝爲箴，顧終不見從。久因病閒瀏覽晉宋等書，又苦善忘，爰付札記。余雅不讀史，閒亦命余抄錄，用省記功也。〔註15〕

不論從時間上看，還是從跋文內容上看，都無法確定王氏跋文僅爲《晉宋書故》而作，可知張述錚所說「由於後世在整理郝氏遺書時，匆匆付梓，將此跋文錯放在《書故》之後所造成的。」是可以成立的。

4.《聽松樓遺稿跋》

陳爾士（1785～1821），字煒卿，又字靜友，餘杭籍嘉興人，清代著名女詩人。刑部員外陳紹翔之女，著名學者錢儀吉（1783～1850）之妻。陳爾士通經涉史，工於吟詠，亦善筆箚，嘗於講貫之暇推闡經旨，自著《授經偶筆》以訓子女。室名曰「聽松樓」，今有《聽松樓遺稿》四卷（《附錄》一卷）可見。

---

〔註13〕韓寓群主編：《山東文獻集成》第二輯第48冊，王照圓《曬書堂閨中文存》，第644頁。

〔註14〕〔清〕李慈銘：《越縵堂讀書記》，北京：中華書局，1963年版，第422頁。（以下所引版本俱同）

〔註15〕韓寓群主編：《山東文獻集成》第二輯第48冊，王照圓《曬書堂閨中文存》，第642頁。

沈湘佩《名媛詩話》卷五記錢儀吉室陳煒卿事云：「有《聽松樓遺稿》，內載《授經偶筆》，序述記贊跋論家書諸著作，議論恢宏，立言忠厚，詩猶餘事耳。」對於陳爾士的詩歌給予了極高的評價。近人周作人《苦竹雜記》中曾提及陳爾士，他認爲「女子平時總是寫詩詞的多，散文很少見，在這一點上《聽松樓遺稿》是很值得注意的。」〔註 16〕

王照圓《聽松樓遺稿跋》主要論述了自己不及陳爾士的六個方面，其云：

> 照圓少不嗜學，先慈林太安人恒督課之，讀至夜分，不中程不得息，蓋廿餘年如一日。比少長，留心故訓，又不能覃思，窮其要眇。中更慈幃棄養，學遂荒落，以迄於今。伏念恭人，乃自髫鬌未嘗離卷，軸心竊悉焉，自謂弗如一矣。恭人生長華胄，日嬪鼎貴而無驕倨習焉，日有孳孳，不異寒門，余所弗如二矣。夫顯揚先祖所以崇孝，故日無美而稱，是誣也。有善弗如不明也，知而弗傳不仁也。恭人《述訓》、《述略》諸篇，揚先德之餘烈，媲徽音於周詩，蓋自班惠姬以來，乃今復睹雅裁焉。余以幼孤，追感先慈，苦節勤劬，亦嘗有所撰述，每恨詞不稱意，則弗如者三也。《女訓》、《婦職》諸篇，實閭有家之盛節。考亭嘗論大家《女誡》未盡作者之意，恭人本風人之敦厚，擷《禮經》之華腴，通淹雅，皆可以垂閨範、樹典型，余愧弗如四也。顏黃門云：「父母威嚴而有慈，則子女畏愼而生孝，余於子女有慈無威，不能勤加誘導，俾以有成。今讀《授經偶筆》及《尺素》各篇，意思勤綿，時時以課讀溫經，形於楮墨，雖古伏生女之授書，宋文宣之傳禮，不是過焉，余所弗如五矣。謝媛吟絮，劉娟銘椒，代有新詞，流芳繡帨。余遇春秋佳日，未嘗不流連風景，舒寫性情，靡堪甄錄，旋亦零落無存。伏讀古今諸體及詩餘各首，清英令淑，篇詠之處，令人如見其人，余所弗如六也。
>
> 〔註 17〕

王照圓於比較之中自歎不如，更留露出對陳恭人無限的崇敬之情。

---

〔註 16〕〔民國〕周作人：《知堂書話》（上冊），長沙：嶽麓書社，1986 年版，第 350 頁。

〔註 17〕韓寓群主編：《山東文獻集成》第二輯第 48 冊，王照圓《曬書堂閨中文存》，第 646～647 頁。

# 第二節　《夢書》

## 一、中國古代的夢書略說

占夢在中國古代源遠流長，甚至可追溯到遙遠的洪荒時代。據古籍記載，傳說黃帝曾以占夢得到風后、力牧兩位名臣，傳說堯有攀天、乘龍之夢，舜有長眉、擊鼓之夢，禹有山書、洗河、乘舟過月之夢。這些雖然未必可信，但在傳說時代即已有占夢活動卻是毋庸置疑的。在後世發現的殷商甲骨卜辭中，保存著殷王占夢的許多記載。由《周禮・春官・占夢》可知，周代王室不僅以占夢問國之吉凶，決定國之大事，還專門設立了占夢之官。春秋以後，占夢由一種官方的神道活動逐漸降爲一種世俗的迷信，但在下層社會中仍然具有很大的影響力。

王充《論衡》云：「人之夢也，占者謂之魂行。」可見占夢的思想基礎，是一種愚昧的夢魂觀念。夢中出現的情境和形象，都被認爲是神靈與鬼魂的安排，體現著鬼神的旨意。而夢爲何能夠占卜，《太平御覽》云：

> 夢者象也，精氣動也；魂魄離身，神來往也；陰陽感成，吉凶驗也。……夢者告也，告其形也。魂出遊身獨往，心所思念忘身也。受天神戒，還告人也。〔註18〕

可知夢乃是「天神」之所告，因而夢象包含著神意，夢象即吉凶之象，故而可用於占卜。

夢書是占夢者釋夢的主要依據，在本質上是一種封建迷信的產物，其主要功能在於解釋各種夢象所包含的神意，並由此來預測禍福吉凶。其實，在中國古代，不僅占夢有夢書，占龜亦有龜書，占易有易書，其功能大致相同。不同的是，占龜需要以龜甲作爲占具，占易必須用蓍草作爲占具，而占夢則以夢者之夢自爲占具，無需借助其他。與之相應的，龜書、易書皆需要講明如何使用占具，甚至如何製作占具，而夢書只需要解釋夢象即可。這就決定了，歷代夢書的內容，主要都是關於各種夢象的占辭。

夢書的內容決定夢書的形式，也即是各種占辭之間的結構問題和占辭內部的結構問題。據劉文英《中國古代的夢書》總結，我國古代的夢書一般在書前都有小序，用以說明編纂的目的、經過。也有短論，實則就是一篇簡單

〔註18〕引自《太平御覽》卷三百九十七。

的夢說，如前引《太平御覽》中的「夢者象也」、「夢者告也」。正文部份無一例外地按照天、地、人的順序來分類編排各種夢象的占辭。其結構大致可分爲：夢象之辭，即記述夢象的文字；釋夢之辭，即解釋夢象、說明夢意的文字；占斷之辭，即推斷未來吉凶的文字。而占斷是整個占辭中最重要的部份。

夢書雖然是封建迷信的產物，但並不意味著它是無用之物。古代占夢者編纂夢書的初衷是爲了宣傳封建迷信，但它對於後世人們來說，卻具有遠遠超越其迷信之旨的多方面的文化價值。首先，夢書在宗教學上自有它獨特的價值。因爲它雖是迷信的產物，但迷信本身又是中國古代社會生活中不可忽視的一部份，也是人類古代文化的一個側面。夢書的形成和流佈，是一種宗教影響力滲透到人們精神生活中的一個寫照。要想全方面研究古代的宗教文化，夢書是不可忽視的。其次，夢書在民俗學上也有很大的價值。它的各種占斷之辭，絕不是占夢者的隨意杜撰，而多半是源自一種極其古老的民俗，並負載著漢族古代社會文化生活的大量信息。第三，夢書對夢境的分析，不僅爲心理學提供了大量的思想材料，也爲科學家對夢的探索，提供了啓示和借鑒。總之，夢書是與古代占夢這一行爲密切相關的原始材料，對夢書的研究對中國古代思想以及民俗等多方面的研究均有裨益。

中國古代夢書很多，自《漢書・藝文志》始，歷代史志目錄在「數術類」或「五行類」中均有著錄。《漢書・藝文志》著錄有《黃帝長柳占夢》十一卷、《甘德長柳占夢》二十卷；《隋書・經籍志》著錄西漢京房《占夢書》二卷、崔元《占夢書》一卷，三國周宣《占夢書》一卷（《太平廣記》、《五朝小說大觀》有殘卷），唐柳燦《夢雋》一卷，明代陳士元《夢占逸旨》八卷、《夢林玄解》三十四卷，張鳳翼《夢占類考》十二卷等等，此外敦煌遺書中還有《新集周公解夢書》一卷（存於敦煌遺書伯 3908）和《占夢書》（存於敦煌遺書斯 620），共計二十四部。據劉文英《中國古代的夢書》考證，其中眞正意義上的夢書共 16 部，現存有殘卷或完本共 6 部。〔註 19〕

關於占夢書的流傳情況，今人劉文英曾著《中國古代的夢書》一書對其進行了考察和梳理，書後更附有《歷代夢書著錄存佚表》，甚爲詳細，在此不做贅述。中國古代的夢書，歷代史志中著錄雖多，但後來大多都已亡佚。現在人們所常見的，主要是清人從唐宋類書中輯錄的兩種輯本。一種是洪頤煊的輯本，收入《經典集林》，並見於《問經堂叢書》；一種是王照圓的輯本（也

〔註 19〕參考劉文英：《中國古代的夢書》，北京：中華書局，1990 年版，第 25 頁。

即本章重點研究的《夢書》），現存於《郝氏遺書》中，並見於《龍溪精舍叢書》。二書均據唐宋類書輯錄，內容基本相同。除此之外，一些出土文獻中也保留了一部份占夢的記錄，如甲骨卜辭、睡虎地秦簡《日書》，但是時代和撰者都不詳。2010 年嶽麓秦簡《占夢書》的面世彌補了占夢書大多亡佚的缺憾。它的抄寫年代大體在秦統一前後，可算是迄今為止所知最早的占夢文獻。

此外，有關占夢方面的記錄在中國古代文獻中被大量記載，例如《周禮》、《尚書》、《詩經》、《左傳》、《國語》、《楚辭》、《晏子春秋》、《韓非子》、《史記》、《太平御覽》、《藝文類聚》、《博物志》、《潛夫論》、《風俗通義》等等均有記錄。有的古書還設有專門的章節論及占夢理論，例如東漢王符《潛夫論》中有《夢列》一篇，其中關於夢的分類和夢論的內容對後世影響深遠。〔註 20〕

## 二、《夢書》的成書過程、體例及其版本

王照圓的《夢書》從體裁上看並不能歸於散文著作，而是輯佚類的學術成果，因其中除了輯佚唐宋類書中關於占夢的理論以外，還包含了王照圓關於夢境、人生的一些看法和感悟，從中亦可見其生活態度，因此姑且將《夢書》放入散文這一章中作簡單介紹。

王照圓撰寫《夢書》的動機有三點：

其一，正如其在《夢書題辭》中所云：「生平喜談夢，夢亦逼眞。凡窮通得失無無形於夢，夢又輒驗。閨中多暇，偶而翻書遇有所得輿言，記之錄為一卷。」〔註 21〕王照圓撰寫《夢書》是源於她對夢的執著，這在其著作以及郝懿行的文章中曾多次提及，她甚至稱自己為「芝罘一夢人」，並曾因夢中聽人稱其「照圓」而以字為名。此外，王照圓在文學創作和學術創作中也常通過夢境來獲得靈感，她筆下的詩句常與夢有關。而且夢在王照圓看來，絕不是荒謬，更不是全然無味，而是心理的反映和冥冥之中的指引，如她曾於未締姻前「屢有雙燈吉夢」〔註 22〕，以證其夫婦之結合併非偶然。

---

〔註 20〕參考陳垠昶：《嶽麓書社藏秦簡〈占夢書〉研究》，復旦大學碩士學位論文，2013 年，第 27 頁。

〔註 21〕韓寓群主編：《山東文獻集成》第一輯第 10 冊，王照圓《夢書》，第 560 頁。

〔註 22〕韓寓群主編：《山東文獻集成》第二輯第 49 冊，郝懿行、王照圓《和鳴集》，第 68 頁。

其二，《夢書題辭》開首所云：「浮生若夢，世人勞攘，沈於功名，溺於貨利，至老不休，自謂覺矣，其實夢也。」〔註 23〕王照圓撰寫《夢書》的最主要動因源於她心中對人生如夢的感慨，對功名利祿的淡然。回看她與郝懿行相伴走過的一生，可知其慨歎絕非無病呻吟。

其三，王照圓有感於古占夢書「散逸者尚多」，便從唐宋類書中輯錄出古代占夢的記錄，意在「存古」、「闕疑」〔註 24〕。

從《夢書題辭》所表達的思想看來，《夢書》當是王照圓經歷歲月洗禮之後有感而作，但具體開始撰寫的時間無法考證。郝懿行嘉慶十三年（1808）《與孫淵如觀察書》云：「拙荊王琬佺前著《葩經小記》，未有定本。校《列仙傳》二卷，輯《周宣夢書》一卷。近復欲注《列女傳》，將上繼曹大家之遺躅，亦未知能了此事不也。」〔註 25〕可知嘉慶十三年（1808）時《夢書》已經完稿，其時王照圓四十六歲。但郝氏所言《周宣夢書》這一書名卻並不準確。據王氏《夢書》所按：

> 《隋書·經籍志》《占夢書》，京房撰，三卷，崔元、周宣撰各一卷。別有《夢書》十卷，《解夢書》二卷，蓋其書至唐宋間尚存，是以《藝文類聚》、《北堂書鈔》、《初學記》、《太平御覽》之類並見援摭，然其他散逸者尚多矣，今姑錄出爲《占夢書》一卷，存古也。又諸書援引，但題曰《夢書》，唯《初學記》「鸚鵡」一條題爲《周宣夢書》，蓋其餘難得詳矣。今茲所錄仍題曰《夢書》，闕疑也。〔註 26〕

可知王照圓此書並非題爲《周宣夢書》，而僅有《初學記》「鸚鵡」一條題爲《周宣夢書》而已。

《夢書》現今只有清道光年間雙蓮書屋刻本，前有王照圓《夢書題辭》，並有海陽趙銘彝（號鳳崖）爲之覆校。

## 三、《夢書》的分類及其思想主旨

《夢書》包含了王氏對人生的看法，但其主要的內容仍是從唐宋類書中

〔註 23〕韓寓群主編：《山東文獻集成》第一輯第 10 冊，王照圓《夢書》，第 560 頁。
〔註 24〕韓寓群主編：《山東文獻集成》第一輯第 10 冊，王照圓《夢書》，第 562 頁。
〔註 25〕韓寓群主編：《山東文獻集成》第二輯第 48 冊，郝懿行《曬書堂集》，第 456 頁。
〔註 26〕韓寓群主編：《山東文獻集成》第一輯第 10 冊，王照圓《夢書》，第 562 頁。

輯錄出的關於占夢、釋夢的內容和理論，其大致可分爲七大類（以洪頤煊輯本補其後）：

### （一）夢論

即討論夢爲何物，夢的形成及其所蘊含的神意等等：

夢者象也，精氣動也；魂魄離身，神來往也；陰陽感成，吉凶驗也。夢者，語其人預見過失。如其賢者，知之自改革也。夢者告也，告其形也。目無所見，耳無所聞，鼻不喘臭，口不言也。魂出遊，身獨在；心所思念，忘身也。受天神戒，還告人也。受戒不精，忘神言也。名之爲「寤」，告符臻也。古有夢官，世相傳也。（《太平御覽》卷三百九十七）

### （二）天命論

論仁君得天下前必有吉夢預示，暴君失天下亦有凶夢預示：

昔聖帝明王之時，神氣炤然先見。故堯夢乘龍上泰山，舜夢擊天鼓，禹夢其手長，湯夢布令天下，後皆有天下。桀夢疾風〔註27〕壞其宮，紂夢大雷擊其手，齊桓夢爲大禽所中，秦二世夢虎齧其馬。王者夢之，皆失天下。（《太平御覽》卷三百九十七）

### （三）天地類

述說夢與天地陰陽之變化的關係：

地爲陰者，下冥人之。夢見地者，身安寧。（《北堂書鈔》卷一百五十七）

補：

月者，太陰之精也。夢見月者，旦見公卿也。又云：君見后妃行，長月〔註28〕，夫人慶之。（《北堂書鈔》卷一百五十）

夢電光，憂縣官也。（《北堂書鈔》卷一百五十二）

### （四）人事類

論人事與夢境之間的關係：

---

〔註27〕《白孔六帖》卷二十三作「黑風破其宮」。

〔註28〕劉文英案「長月」前有脱文，補「夢見」二字。

夢見新歲，主命延長。(《北堂書鈔》卷一百五十五)

凡夢侏儒事不成，舉事中止後無名，百姓所笑人所輕。(《初學記》卷十九)

城爲人君，一縣尊也。夢見城者，見人君也。夢新築城，有功名也。(《太平御覽》卷二百九十二)

亭爲積功，民所成也。夢築亭者，功積成也。夢亭敗壞，恩澤傷也。(《太平御覽》卷一百九十四)

補：

夢吹嘯者，欲有求。(《藝文類聚》卷十九)

### (五)器物類

這一類的材料較多，器物種類也十分廣泛，如：

夢見甑，欲娶妻。夢見甑帶，媒灼來。(《太平御覽》卷七百五十七)

轉軸爲夫婦，夢得轉軸，夫婦之事也。(《北堂書鈔》卷一百四十一)

夢見杯案，賓客到。多客大案，少客小案。(《北堂書鈔》卷一百三十三)

夢圍棋者，欲鬥也。(《太平御覽》卷七百五十三)

簧爲結約。夢得簧者，得賢友也。(《北堂書鈔》卷一百一十)

夢持彈者，得朋友。(《太平御覽》卷三百五十)

補：

夢見瓦而爲甲鎧，禦禍患。(《太平御覽》卷一百八十八)

夢簾、屏風，蔽匿一身也。(《太平御覽》卷七百)

夢見帷帳，憂陰事也。(《太平御覽》卷七百)

夢床所壞者，爲憂妻也。(《太平御覽》卷七百〇六)

丈尺爲人正長短也。夢得長尺，欲正人也。(《太平御覽》卷八百三十)

權衡爲人正也。夢得衡，爲平端也。以權稱量，平財錢也。重者價貴，輕者賤也。權衡折敗，無平人也。(《太平御覽》卷八百三十)

刀爲利斷截也。夢得刀者，爲利也。(《北堂書鈔》卷一百二十三)

矛戟爲相待，其早晚也。夢得矛戟者，憂相敕也。持矛待交友，見人持矛待於己也。持矛來，倒，卻中止也。(《太平御覽》卷三百五十三)

夢得鑲盾，憂相負也。(《太平御覽》卷三百五十七)

斤斧爲選士、取有材。夢得斤斧，選士來。(《太平御覽》卷七百六十四)

夢橫繳，欲薦舉。(《太平御覽》卷八百三十二)

羈韁爲相要制也。夢得羈韁，要約士也。羈結語言，韁往來也。羈結韁豎，結敕強也。弊絕不用，難俛仰也。(《太平御覽》卷三百五十九)

鞭箠爲所使者，敕趨也。夢得鞭箠，欲有使也。持以鞭馬，使朋友也。鞭使馬疾，服諾喜也。(《初學記》卷二、《北堂書鈔》卷一百二十六，《太平御覽》卷三百五十九)

貫人夢車轅折敗者，憂遺衣物。何以言之？「轅」字去衣，故知亡衣物。(《太平御覽》卷七百七十五)

夢見新箄，婦女憙。(《太平御覽》卷七百五十七)

夢見得新銚，當娶好婦也。(《太平御覽》卷七百五十七)

卷契爲有信。夢得卷契，有信士也。(《太平御覽》卷五百九十八)

牘劄爲薦舉。夢得牘劄，欲薦舉也。(《太平御覽》卷六百〇六)

## (六)衣食、裝飾類

禾稼爲財用之所出，夢見禾稼言財氣生。(《藝文類聚》卷八十五，《太平御覽》卷八百三十九)

珠珥而人子之所貴，夢見珠珥，得子也。(《太平御覽》卷七百一十八)

婦女夢粉飾，爲懷妊。(《太平御覽》卷七百一十九)

簪爲身簪者己之尊也，夢者好簪，身之歡喜也。(《北堂書鈔》卷一百二十七)

夢得鉤帶，憂約束也。鉤帶著身，約敕己也。持鉤帶，脱，事決已也。(《太平御覽》卷三百五十四))

補：

夢見灶者，憂求婦嫁女。何以言之？井灶，女執使之象。(《藝文類聚》卷八十)

灶主食，夢者得食。(《太平御覽》卷一百八十六)

上襦爲大夫。婦人夢之，得賢夫也。(《太平御覽》卷六百九十五)

錦繡爲憂事、有文章。夢得錦繡，憂縣官也。(《太平御覽》卷八百一十五)

履襪爲子，屬體末也。若夢得履襪者，必有子息也。履者爲男，襪者爲女也。(《太平御覽》卷六百九十七)

粗屐爲使令，卑賤類也。夢得粗屐，得僮使也。(《太平御覽》卷六百九十八)

酒爲送往迎來。相候也。(《北堂書鈔》卷一百四十八)

五穀爲財飲食物。夢見穀，得財，吉。五穀入家，家當盛。(《太平御覽》卷八百三十七)

夢梳篦，爲憂解也。其髮滑澤，心喜也。蟣虱盡去，百病癒也。(《太平御覽》卷九百五十一、卷七百一十四)

印鉤爲人子所祿也。夢見印鉤，人得子；含吞印鉤，婦懷孕也；鉤從腹出，爲其乳；失印，子傷墮；而懷之，妻有子；以口含之，子爲宅中。(《初學記》卷二十六，《北堂書鈔》卷一百三十一，《太平御覽》卷六百八十三)

夢得香物，婦女歸也。（《太平御覽》卷九百八十一）

蛾爲婦女肩儇也。夢見蛾者，憂婚也。（《太平御覽》卷九百五十一）

## （七）草木蟲鳥類

松爲人君，夢見松者見人君也。（《藝文類聚》卷八十八，《太平御覽》卷九百五十三）

榆爲人君，德至仁也，夢採榆葉，受賜爵也。夢居樹上，得貴官也。夢其葉滋茂，福祿存〔註29〕也。（《藝文類聚》卷八十八，《太平御覽》卷九百五十六）

雞爲武吏，有冠距也。夢見雄雞憂武吏也。眾雞入門，吏捕也。群鬥舍中，驚兵怖也。（《太平御覽》卷九百十八）

鸜鵒爲亡人居宅也。夢見鸜鵒，憂亡人也。其在堂上，憂豪賢也。（《初學記》卷三十，《太平御覽》卷九百二十四）

蜘蛛爲大腹，其性然也。夢見蜘蛛，憂懷妊婦也。（《太平御覽》卷九百四十八）

補：

桃爲守禦，闢不祥也。夢見桃者，守禦官。（《太平御覽》卷九百六十七）

柳〔註30〕爲使者。夢見柳者，當出遊也。〔註31〕（《藝文類聚》卷八十九，《太平御覽》卷九百五十七）

李爲獄官。夢見李者，憂獄官。（《太平御覽》卷九百六十八）

竹爲處士田居。夢見竹者，憂處士也。（《太平御覽》卷九百六十二）

鶉鷃爲鬥，相見怒也。夢見鶉鷃，優閒鬥也。（《太平御覽》卷四百九十六、卷九百二十四）

---

〔註29〕《藝文類聚》「存」作「薦」。
〔註30〕《藝文類聚》「柳」作「楊」。
〔註31〕《太平御覽》脱此二句。

夢見鵁鶄，居不雙也。婦見之，此獨居也；婿見之，恐失妻也；雌雄俱行，淫佚遊也。（《太平御覽》卷九百二十五）

鷹鷂爲攻剽殘心也。夢見鷹鷂，憂賊人也。（《太平御覽》卷九百二十六）

伯勞爲憂，聲可惡也。夢見伯勞，憂口舌也。（《太平御覽》卷九百二十三）

守宮爲寡婦，著垣牆也。夢見守宮，憂寡婦人也。（《太平御覽》卷九百四十六）

蜣螂爲憂財輔矣。夢見蜣螂，憂財糧也。（《太平御覽》卷九百四十六）

螳螂爲亡人，蔽匿草也。夢見螳螂，憂亡命者。（《太平御覽》卷九百四十六）

夢蜘蛛者，其日遂有喜事。（《太平御覽》卷九百四十八）

蟣虱爲憂，齧人身也。夢見蟣虱，而有憂至也。（《太平御覽》卷九百五十一）

蚍蜉爲小盜，銜食行也。夢見蚍蜉，小盜眾也。（《太平御覽》卷九百四十七）

以上是王照圓從唐宋類書中輯佚的部份關於中國古代占夢、釋夢的相關資料，雖然內容不夠全面，但基本涉及到了占夢的各種類型，展示出她在輯佚學方面的才能。

《夢書》雖然是一部輯佚類作品，但它對王照圓而言絕非單純的輯佚作品，它對於我們研究王照圓的價值也絕不僅限於此。《夢書》本身沒有王照圓自己的新創，但《夢書題辭》一文將王氏對人生的感悟和生活的態度表現得淋漓盡致。

浮生若夢也，世人勞攘，沈於功名，溺於貨利，至老不休，自謂覺矣，其實夢也。至於日之夕矣，載寢之床，馳然而臥，無營無欲，自謂夢也，焉知非覺？而西極之南，有古莽之國，其民不食不衣而多眠，五旬一覺，以夢中所爲者實覺之所見者，妄由是言之，夢亦非夢，覺亦非覺，覺亦是夢，夢亦是覺，覺亦無覺，夢亦無夢。〔註32〕

〔註32〕韓寓群主編：《山東文獻集成》第一輯第10冊，王照圓《夢書》，第560頁。

在王氏眼中，世人耽於功名利祿，自謂覺而實在夢中，而日之夕時，躺在臥榻之上無欲無求的人，雖似夢境，實乃眞覺。夢或是覺，尚不能用表面的清醒與迷惑去分辨，而是靠內心是否自由來加以區別。西極的古莽之國，國人以夢爲實，是夢是覺渾然不可分。也許在王氏眼中，世間本就混沌一片，也只能歎一聲「人生如夢」。

# 結語

作爲清代乾嘉時期著名的女經學家、文學家，王照圓憑藉著自己的才情和對學術的不懈努力，不僅在當時的學者中贏得了讚譽，在後人眼中也是中國古代歷史中少有的女學者。

王照圓最受清代及後人肯定和讚揚的是其在學術研究方面的成就。正如《續修四庫全書總目提要》中所說：「女子吟詩者多，治經者少，如照圓者豈易得哉！」〔註1〕清劉聲木在其《萇楚齋三筆》中言：「國朝婦人能詩者不可勝紀，能文者僅數人，若言學問，終當以棲霞郝蘭皋主事懿行原配王照圓爲最。所撰《列女傳補注》八卷、《列仙傳校正》二卷，儼然漢學家言。」〔註2〕近代梁啓超曾於《記江西康女士》一文中言：「中國女學之廢久矣。海內之女二萬萬，求其解文義，嫻雕蟲，能爲花草風月之言者，則已如鳳毛如麟角。若稍讀古書，能著述，若近今之梁端氏、王照圓氏其人者，則普天率土幾絕也。」〔註3〕李慈銘在《越縵堂日記》中亦驚歎道：「世間女子著作多出良人代筆，獨王照圓者雖以蘭皋之學而不能相屈也。」也有很多學者更多關注王照圓的時代影響力，如張明葉在《中國古代婦女文學簡史》總結道：「王照圓的著述不在其書本身，而在它的作者在學識上向男權社會作出的挑戰。」〔註4〕。

---

〔註1〕中國科學院圖書館編：《續修四庫全書總目提要》（稿本），濟南：齊魯書社，1996年版，第369頁。

〔註2〕〔清〕劉聲木：《萇楚齋三筆》，北京：中華書局，1998年版，第487頁。

〔註3〕〔民國〕梁啓超：《飲冰室合集》，北京：中華書局，1989年版，第119頁。

〔註4〕張明葉：《中國古代婦女文學簡史》，瀋陽：遼寧教育出版社，1993年版，第483頁。

除了學術成就，王照圓的文學成就也是頗受清人及後人稱讚的。如劉錦藻《清續文獻通考》卷一百十四載：「光緒三十年，命南海內設毓坤會。夫女學之成就卓卓，中國則有郝懿行妻之王照圓、汪遠孫妻之梁端。」〔註 5〕近代周作人甚至稱王氏爲「清代女作家中最可佩服的」〔註 6〕。

此外，受丈夫郝懿行的影響，王照圓在訓詁學方面的成就也不可忽視。如其夫郝懿行在《爾雅義疏》中，「近采其婦」〔註 7〕（謝章鋌《爾雅義疏序》）說者凡 6 則，其中與《詩經》相關者 5 則，後採摭入《詩問》、《詩說》二書中，分別爲《釋詁》「無祿」則、《釋言》「窕閒」則、《釋山》「卑而大，扈」則、《釋木》「女桑、桋桑」則、《釋鳥》「鷺，白鷺」則。可知《爾雅義疏》作爲清代訓詁學巨著，亦凝結了王氏很多的心血。而上述五則之中最後一則，又爲光緒年間所修《宜興荊溪縣新志・物產記》所援引，可見王氏在名物訓詁領域的貢獻。

總之，王照圓在其生活的時代以及後世，其學術及文學成就都是備受關注和讚揚的。其族中後學王懿榮對此十分引以爲傲，於黃遵憲爲其所賦的《歲暮懷人詩》中即可知一二：「漢學昌明二百年，儒林中有婦人賢。絳紗傳授宣文業，自詡家姑王照圓。」〔註 8〕詩中將王照圓的學術貢獻與前秦韋逞之母宣文君相比擬，其地位可見一斑。

〔註 5〕〔清〕劉錦藻：《清續文獻通考》，原文爲「中國則有郝懿行妻之梁端、汪遠孫妻之王照圓」，實誤，改之。

〔註 6〕〔民國〕周作人：《苦竹雜記》，第 140 頁。

〔註 7〕〔清〕謝章鋌：《賭棋山莊集・文集》卷五，清光緒刻本，第 23 頁。

〔註 8〕〔清〕黃遵憲：《人境廬詩草》，北京：中國青年出版社，2000 年版，第 414 頁。